전도훈련교재

10초만의 기적

김기일 저

도서출판 제네시스미디어

본서는

복음을 사랑하고

전도자의 삶을 실천하며 살기를 원하는 한 목회자의 고백으로

혹시 복음과 전도에 대한 깨달음이 부족하신 분이

본서를 통해 성숙한 그리스도의 전도제자로 세워지길 바라고

아울러 구령에 불타는 주의 제자들에게는 더 큰 용기와 은혜를 끼쳐서

삶의 현장에서 전도의 열매가 가득한 전도제자가 되시길 바라며

수많은 고비를 넘어 목회에 헌신하시는 주의 종들에게는

본인이 미력하고 부족하지만 하나님의 계획속에 있는 전도의 일을 위하여

영적전투의 현장에서 피묻은 것과 같은 전도의 자료를 교재로

공유하기를 원하는 중심에서 제작된 것이니

본서에 주의 종들의 통찰력과 현장경험이 더해진다면

많은 교회와 현장에서 역사가

일어나리라 확신합니다.

2014년 9월

전도 및 신앙훈련 교재

1. 복음을 정확하고, 간단명료하게 제시함.

 1) 인간이 무엇이며 왜 구원을 받아야 하는가?
 2) 구원을 누가, 언제 어디서, 왜 어떻게 이루시는가?
 3) 전도란 무엇이며, 왜 복음전도여야만 하는가?
 4) 누가 전도자이며, 왜 어떻게 전도자인가?

2. 복음이 이해되고 믿어지면서 근본치유가 일어남.

 1) 불신앙이 치유되고, 마음과 생각 치유가 일어난다.
 2) 종교생활이 끝나고, 행복한 신앙생활이 시작된다.
 3) 전도가 되어지고, 전도가 하나의 즐거움이 된다.

※　본 교재에는 같은 성경구절이 반복해서 나오기도 한다.
　성경이 살아 계신 하나님의 말씀임을 그냥 믿기 때문이다. 실로 그것은 필자가 "복음
　전도의 이론과 실제" 라는 책을 수정보완 재판을 내면서 "10초만의 기적" 그러나
　"내 생애 최고의 순간"이라는 제목을 달게 된 이유이기도하다.

　그러나 그것 보다 더 중요한 것은 성경이 그냥 하얀 종이 위의 글이냐 아니면
　하나님의 말씀 그 자체의 능력이냐 와의 씨름이기 때문이다. 실로 그것은 필자에게
　있어서 신앙과 삶의 최대 관건이었다. 그 책에서 다루는 최대의 이슈도 그것이고,
　필자의 사례모음도 그 생생한 삶의 현장이다.
　과연 전도는 그 어떤 방법이 아니고 신앙과 삶 그 자체라고 믿는다.

(참고 저서 - "10초만의 기적", 그러나 내 생애 최고의 순간)

이 교재의 구성

제1장 인간의 실상

제1과 구원이 필요한 인간

제2과 하나님의 구원계획과 그 성취

제2장 내용 – 오직 복음

제1과 예수가 그리스도

제2과 예수만이 그리스도

제3장 방법 - 오직 성령

제1과 오직 성령의 권능

제2과 반드시 전도자가 필요하다

제3과 하나님의 절대주권

※ 예수영접 즉시 양육 스케줄을 잡아라

제4장 결론 - 오직 복음전도

제1과 실존하는 영적 실체

제2과 하나님의 본래 계획

제3과 그리스도와 무관한 절대주권은 없다

전도란 무엇인가"라는 방대한 주제를 정해놓고 고민하는 중, 크고 놀라운 하나님의 역사가 있었다. 전도란 무엇인가 라는 방대한 주제에서 "복음전도" 라는 심플한 주제로, 또 거기에서 "예수생명" 이라는 한 줄기만 남겨 주셨다. 마침내는 10초 만에 이루어지는 "예수영접"에 포인트를 맞추게 하시고, 성경 구절까지 떠 올리시며 구원과 신앙과 삶을 위한 책으로 쓰도록 인도하셨다.

실로 책이 전도를 하고, 힘을 잃은 제자들이 힘을 얻고, 뿌리 깊은 불신앙의 마음과 생각이 치유되는 역사가 일어났다. 그리고 새 신자들이 복음으로 말미암아 믿음이 견고해지고 있다. 실로 그랬다. 복음과 그 본질이 이해되고 믿어지면서 참 행복한 전도자의 삶이 지속되고 있다.

제1장 인간의 실상

필자에게 "전도란 무엇인가?" 질문한다면 첫째, 하나님이
① 창세전에 자신의 기쁘신 뜻대로 그리스도 안에서 세우신 구원계획을
② 그리스도로 말미암아, 그리고 자신이 부르시고 세우신 전도자를 통하여
③ 성령의 권능으로 이루어 가시는 완전한 사역, 은혜로운 사역이다.

둘째, ① 모든 이론을 파하며,
② 하나님 아는 것을 대적하여 높아진 것을 다 파하고,
③ 모든 생각을 사로잡아 그리스도에게 복종케 하는 것"이다.

성경은 전도가 무엇인지 여러모로 다양하게 진술하고 있다. 그래서 사람들마다 전도란 이런 것이다. 라고 다르게 말할 수 있고, 마치 장님이 코끼리를 표현하는 것과 같이 보일 수도 있다. 그럼에도 불구하고 필자가 위에 진술한 바, 전도란 이런 것이다. 라고 딱 잘라서 말하는 이유 세 가지가 있다.

첫째, 성도들의 멋진 신앙과 삶에 유익하고,
둘째, 누림 속에서 힘차고 담대한 도전과 지속에 유익하고,
셋째, 기독교에 대한 세상의 시각을 바꾸고, 나아가서는 저들로 말미암아 우리와 함께
        예수 증인으로 살게 하기 위해서다. 한 마디로 말하면 구원과 치유와 전도다.

고후 10:6~8, 이 말씀을 자세히 살펴보라! 이 얼마나 확실한가?! "너희의 복종이 온전하게 될 때, 모든 복종하지 않는 것을 벌하려고 준비하는 중에 있노라" 하였다. 더구나 "주께서 주신 권세는 너희를 무너뜨리려고 하신 것이 아니요, 세우려고 하신 것이니, 내가 이에 대하여 지나치게 자랑하여도 부끄럽지 아니하리라."(8절) 말씀하셨다.

하물며 전도란 하나님의 창세전 구원계획을 이루는 역사적인 현장이다. 거기에 무슨 방법이 필요하다는 말인가? 본질적으로 그렇다. 그 말이다.

제1과 구원이 필요한 인간 (10초만의 기적 146p)

전도 이전에 먼저 이해되어야 할 것이 있다. 인간이 무엇이며, 인간에게 왜 구원이 필요한지가 먼저 이해되어야 한다. 그러면 그럴수록 구원의 복이 얼마나 어마어마하며, 얼마나 가치 있는가?! 그것이 이해될 것이기 때문이다. 그리고 그때 비로소 참 감사가 넘칠 것이기 때문이다. 그러나 그보다 더 중요한 것이 있다. 인간의 실상을 바로 보고, 이해하게 될 때, 세상 모든 사람들을 이해하게 되고, 우리가 살아가고 있는 세상과, 사회가 제대로 이해될 것이기 때문이다. 그리고 그때 비로소 제대로 된 답안지를 내 놓고 사람을 살리고 치유할 수 있기 때문이다.

1. 본래 인간

인간이 무엇인지, 도대체 어디서 왔다가 어디로 가는지, 살아가는 동안에도 왜 그 모양 그 꼴인지, 아무도 모르고, 그 어떤 책에도 그 기록은 별로 없다. 그러나 유일하게 성경이 그 이유를 간단명료하고 적나라하게 밝혀주고 있다.

(1) 인간은 하나님의 형상대로 지음받은 영적존재

① 하나님이 천지만물을 어떻게 창조하셨는가?(창 1:1~25)

② 하나님이 사람을 언제 어떻게 만드셨는가?(창 1:26~31)

☞ 이것은 신자든지 불신자든지, 그가 원하든지 원하지 않든지 상관없이
인간은 영과 더불어 살아가는 영적존재라는 것을 의미한다.

(2) 실로 인간만이 신을 찾아가는 의식을 행하여왔다.

① 그러면 인간이 생각하는 신의 개념이 어떤 것인가?(행 14:8~15)

② 과연 인간이 끊임없이 추구하는 것이 무엇인가?(행 17:16~23)

 * 그러면 그런 일들이 왜 어떻게 일어나는가?(엡 4:18~19)

 * 과연 그러한 인간에게 총명이란 것이 있는가?(고전 1:18~20)

③ 그러므로 세상 학문에 대한 평가가 무엇인가?(빌 3:7~8, 골 2:8)

☞ 과연 성경이 무엇을 말하고 싶어 하는가?(출 20:1~7)

(3) 인간은 제대로 아는 것이 하나도 없다.

① 세상이 말하는 인간을 아는 대로 말하라.

② 세상이 말하는 우주만물의 기원과 그 존재 이유를 아는 대로 말하라.

③ 성경은 창조와 섭리, 인간의 실상, 하나님의 소원을 명료하게 진술한다.

 * 창 1:1~31, 창조의 과정을 상세히 포럼해보라!

 * 사 40:1~31, 섭리의 과정을 상세히 포럼해보라!

　* 롬 1:1~32, 인간 구원을 위하여 하나님이 하신 일과, 참으로 이기적인
　　인간의 실상을 상세히 포럼해보라!

☞ 인간 - 사람들은 한계에 도달할 때마다 불가사의를 말하고, 아리송 하면 애매모호하게
　　자연에는 자연법칙이 있다고 결론을 내린다.

그러면 과연 그 자연은 어디서 온 것일까? 1년 365일, 사시사철을 어떻게 이루며, 정교하
게 흘러가고 있는가? 또 수많은 혜성들의 무질서 같은 질서는 무엇으로 설명할 것인가? 과
연 자연법칙일까? 어떤 신의 정교한 통치일까?

☞ 성경 - 실로 유일하게 성경만 그 사실을 정확하게 말하고 있다.

　① 과연 아직도 인간의 조상이 원숭이란 말인가? 진화론은 자연선택 → 적자생존 → 우
생학을 낳았고, 이는 결국 "살아남기 때문에 적합하고, 적합하니까 살아남는다."는 식의 순
환논리를 불러 일으켰다.

　* 이런 이론들이 결국 인간의 계층과 삶에도 지대한 영향을 미쳤다. 실로 작금의 인간
　　경시풍조는 진화론의 폐해라 해도 과언이 아니리라. 존엄성의 차이 말이다.

　② 약 3,600년 전에 모세가 '하늘의 하늘'을 최초로 언급했고(신 10:14~15), 약 3,000년
전에 다윗은 "하늘의 하늘도 그를 찬양하며(시 148:4)", 했고, 그 아들 솔로몬은 "하늘과 하
늘들의 하늘(왕상 8:27)"을 언급했다. 그 300년 후, 이사야는 "하늘의 만상이 사라지고, 하늘
들이 두루마리 같이 말리되(사 34:4)"라고 했는데, 이 기록들이 지금부터 약 2,700년 전 일이
니, 어찌 그 시대의 인간이 하늘의 하늘을 언급할 수 있었으랴!!!

　* 그래서 이게 무슨 전능하신 하나님말씀이냐고 비웃은 것이 엊그제다.
　　그러나 지금은 이 광활한 우주에 약 2,000억이 넘는 은하계가 있다고 언급하고
　　있으니 실로 격세지감이다. 과연 그렇지요?!

　* 실로 성경 기록은 다르다. 인간과 지구를 넘어 우주만물의 실상까지도 적나라하게
　　언급하고 있다.

　③ 인간은 하나님의 형상 가진 창조물이기에 그 자체로서 실로 존엄하다.

　* 성경은 그 인간의 신묘함이 어떻다고 말하고 있는가?(시 139:14~16).

* 그러므로 인간이 원숭이의 진화라고 주장하는 자들에게 인식되어지는 인간의 존엄성 과 그 가치, 그리고 하나님의 형상을 따라 기이하고 신묘 하게 지음을 받았고, 나를 나답게 지으셨다고 믿는 자들에게 인식되어지는 인간의 존엄성과 그 가치가 어찌 같을 수가 있겠는가! 말이다.

☞ 그러면 그렇게 신묘하게 지음 받은 인간이 어찌 그리 사악하게 되었으며, 어찌 그리 이기적인 욕망, 온갖 탐욕과 정욕 속에서 살아가게 되었는가?

2. 타락한 인간

(1) 인간은 실로 구제불능이다.

사람들은 성선설이니 성악설이니 갑론을박 하지만 결론을 내릴 수가 없고, 아이들은 천사 같은 심성과 맑은 눈을 가지고 있다고 주장하지만 아니다. 아이들도 나면서부터 이기적인 것을 어쩌랴?

* 실로 악을 가르치는 부모가 있는가?
  실로 악을 부추기는 스승이 있는가?

* 왜 줄기차게 악을 향하여 가고 있는지 아는가?
  왜 죄악이 땅에 관영하고 더욱 심화되고 있는지 아는가?
  왜 문제와 사건과 저주와 재앙이, 홀연히 꼬리를 물고 일어나는지?
  왜 거짓과 참소가 난무하고, 판단과 정죄로 이 사회가 얼룩져 있는지요?

* 저마다 깨끗한 것처럼 행세하지만 과연 그 실상은 어떠한가요?
  내면에 감춰진 탐욕과 정욕, 명예와 권세, 자리다툼, 그 끝이 있는가?
  정치 경제 사회는 물론이고, 문화와 예술, 체육과 스포츠, 입법 사법 행정, 교육부 등
  공무원, 종교를 포함한 시민단체 심지어는 국가 간에 벌어지고 있는 테러와 전쟁,
  온갖 거짓과 참소 기타 등등… 도대체 그 탐욕의 끝은 어디인가요?
  인류 역사 이래 단 한 번이라도 중단된 적이 있는가?

* 그러나 그 끝은 없다. 오히려 더 심화되고 지능화되고 악랄해지고 있다.
  세상 끝 날까지, 땅 끝까지 계속될 것이다. 왜 그런지 그 이유를 아는가?

때마다 그럴싸한 이유와 대책을 세우고 수정 보완 하지만 오리무중이다.

① 성경만이 세상과 인간의 실상을 정확하고 적나라하게 밝히고 있다.

 * 죄와 사망의 원인이 무엇이라고 말하는가?(롬 5:12)

 * 그 인간의 상태가 어떠하다고 말했는가?(엡 2:1~3)

 * 그러면 인간이 왜 그렇다고 말하는가?(약 3:9~18)

② 벗어나고픈 인간의 몸부림과 그 실상

　　학교에서는 윤리도덕으로, 국가에서는 법과 제도로, 사회에서는 각 분야 전문가들이 심사숙고하여 대책을 내놓는다. 그러나 바로 그 순간 그 대책은 무대책이 되고 만다. 수시로 수정, 보완하지만 여전히 낭패와 실망, 그리고 좌절을 경험한다. 이제 공허와 혼돈을 넘어 암울함이 지구를 덮고 있다.

　　그래도 이 사회에 종교가 있어서, 무욕을 넘어 무념무상과 무아의 경지를 추구하고, 지고의 선을 추구하기에 비교적 선을 이루고, 그나마 이 사회를 유지하는 방편이 되는 듯하지만, 그것 또한 안타까운 몸부림일 뿐이다.

　　그 종교들이 추구하는 가치가 지당해 보이기에 사람들의 박수갈채 속에서 사회가 혼탁하면 혼탁할수록 더욱 번창하고 있지만 그것이 사단의 고등술책임을 아는 이가 없다. 실로 사단은 인간이 이룰 수 없는 고등한 가치로 덫을 놓고, 실망을 넘어 좌절과 포기를 이끌어내고, 결국 더 큰 공허와 혼돈 속으로 몰아가고 있는데, 성경은 그 배후세력을 사단이라고 밝히고 있다. 보라!

 * 사단이 주로 하는 짓거리가 무엇인가?(고후 4:3~4, 벧전 5:8)

 * 사단의 정체와 그 모습이 어떠한가?(고후 11:13~15)

③ 성경은 그 사단의 정체와 정체성을 폭로하는 유일한 책이다.

* 그 정체와 그 교활함이 어떠하다 했는가?(계 12:9~10, 욥 1:1~3:26)

* 그가 주로 하는 일이 무엇이며 왜 그런가?(요 8:44)

* 그 주업이 무엇이며 왜 그런가?(요 10:10~12)

④ 인간의 현주소

* 다윗이 범죄 후 무엇을 깨닫게 되었는가?(시 51:~12)

* 인간의 실상이 왜 어떻다는 것인가?(롬 3:10~18)

* 그 특징과 결과가 어떠하다 했는가?(딤전 6:3~10)

⑤ 원죄와 그 결과 - 과연 만화인가? 과연 실상인가?

* 실로 원죄, 그 결과가 어떠했는가? (창 2:17, 창 3:15~24)

* 과연, 그 진술이 거짓인가? 사실인가? (롬 5:12~14)

* 과연, 그리고 실로 그 실상이 어떤가? (엡 2:1~3)

(2) 인간은 실로 오리무중이다.

착각 속에서 살아가는 불신자들 대부분은 예수 안 믿어도 괜찮다고 착각하고, 신자들 대부분은 예수 믿어도 괜찮지 않다고 착각한다. 그러는 동안에 환경 때문에 고민하고, 문제와 사건 때문에 잔머리 굴리며 오두방정, 그리고 미래 문제로 근심 걱정 염려가 충만하다.

참 안식도 없고 평안도 없다. 아무리 많이 가져도, 눈에 보이는 모든 것을 다 가졌다 해도 그 탐욕과 정욕은 끝이 없다. 인간의 모든 노력은 악한 환경으로부터 벗어나고픈 몸부림이다. 그러나 이룰 수 없기에 공허하고, 발버둥 치면 칠수록 더욱 그 사슬에 묶일 뿐이다.

① 인간의 그 마음과 생각이 어떠한가?(롬 1:21~23)

② 죄의 삯과 그 결과가 어떠한가?(롬 3:23)

③ 그 마음과 총명이 어떠한가?(엡 4:18~29)

* 그러면 왜 그러하다고 말하는가?(고후 4:3~4)

(3) 인간은 실로 속수무책이다.

사람들은 21세기에 귀신, 사단이 어디 있냐고 우기는데 그렇다 치고 한번 물어봅시다. 정신과 의사의 집에 왜 정신병자가, 법을 다루고 집행하는 경찰, 판검사 집 안에 왠 범법자가, 교육자, 성직자 집안에 타락한 자가 어찌 그리 많으며, 음주운전 하면 벌금에, 면허 취소, 심지어는 사형까지 시키는 나라가 있음에도 불구하고 오히려 각종 범죄가 더 지능화되고 더 악랄해지는지, 그 이유를 알고 계신가요? 과연 그 근절 대책이 있으신가요? 과연 구제불능, 오리무중, 속수무책 아니던가요? 과연 그렇지요?! 그러면 왜 그런가요?

① 원죄 후 인간의 실상이 어떠한가? (창 3:15~19)

② 그 사주팔자와 그 운명이 어떠한가? (엡 2:1~3)

③ 그 일이 왜 일어났다고 말하는가? (계 12:9-12)

 * 왜 그러하며 그 결과가 어떻다 했는가? (약 3:7~16)

(4) 인간은 하나 같이 가면을 쓰고 살아가고 있다.

① 보면 볼수록 인간은 이기적 욕망과 탐욕과 정욕 속에서 살아가고 있다. 그러나 겉으로는 인간다움을 추구하며 사람들을 판단정죄하면서 자신은 좀 다른 것처럼, 그 누구보다도 깨끗하고 의로운 것처럼 행세하며 살아가는 자들이 지구촌에 차고 넘친다. 그러나 실상은 또 다른 가면일 뿐!

② 외식하는 그 인간의 실상이 어떠한가?(마 23:13~33)

③ 인간의 그 실상을 있는 대로 말하라!(롬 3:10~18)

 * 그러면 언제 어떻게 해결할 수 있는가?((롬 3:19~26)

(5) 나는 목사는 절대로 안 될 거라고 착각했다.

① 어디 실력이 있으면 한번 끌어가 보시라고, 목사는 절대 안 될 거라고 박박 우겼다. 하나님을 향해 그렇게 삿대질 할 만큼 말이다. 그러나 하나님은 은혜라고 하는 복음 프로그램을 가동시키셨다. 만일 내가 목사가 된다면? 하고 교회개혁 청사진을 그리곤 했으니까!

어린 시절 내 이름은 목사 아들이었다. 기독교의 비밀을 모르는 채, 모태에서부터 교회를 다녔다. 그것은 나에게 엄청난 괴로움 이었다. 하루 빨리 벗어나고 싶었다. 그때 내가 본 성도들의 신앙과 삶은 엉망진창, 실로 가관,

나는 그 책임이 목사에게 있다고 보았다. 이래저래 방황하던 어느 날 하나님의 손에 끌려서 목사가 되었다. 목회방침을 성경정독과 성경본문이해 훈련으로 정하고 30년을 달려왔다. 재정의 60% 돈 선교 11년을 하면서도 공허했다. 그러나 성경적으로 보면 바로 그것이 하나님의 은혜였다.

② 과연 하나님은 어떤 분인가? 그에 대한 답을 얻는 값진 시간이었다.

 * 과연, 하나님은 인간과 얼마나 어떻게 다른 분이신가?(사 53:1~12)

③ 그 허물뿐인 인간을 왜 어떻게 부르시는가?(사 55:1~13)

(6) 나는 목사가 되었으나 때때로 공허했다.

① 성경정독훈련과 재정의 60%를 선교하는 교회를 세우고, 서원을 갚으며 의로운 척
  살면서도 자녀들에게는 용돈 50원을 제대로 준적이 없는 나쁜 아비로서 자녀들에게
  상처만 안기며, 그렇게 11년을 살아왔다.

 * 교회는 부흥되었으나 공허했다. 하나님은 여전히 종이호랑이로 보였다. 기독교의
  본질을 오해한 종교인은 누구나 오리무중이다. 아직은 …,
  그럼에도 불구하고 하나님은 …,

② 과연 그리스도인이 무슨 복을 왜 어떻게 받았는가?(마 16:16~23)

③ 그러면 그런 은혜가 왜 어떻게 임하는가?(요 1:1~18)

오직 은혜가 이해되면서 모든 초청을 거부하고, 고향목회 51년 만에 은퇴하신
고집스럽던 부친의 마음이 오죽했으랴! 실로 다른 기도제목이 필요치 아니했으리라!
다만 "아시지요, 주님! 부탁해요 주님!" 하시면서 얼마나 행복했을까!!!
이해하게 되었다.

은혜로 전도가 이해되었다. 모든 문제, 사건에 종지부를 찍었다. 사람들은 전도를
신앙생활의 일부라고 착각한다. 그러면 종교생활을 할 것밖에 없다. 과연, 예수를 자
랑할 수 없다면 그것을 신앙생활이라고 할 수 있겠는가?!

나는 좋은 옷, 좋은 차 한대만 사도 자랑하고 싶더이다. 내가 속물인가요?
지금은 사면초가 속에서도 줄기차게 예수가 그리스도! 이 하나로 지구촌을 누비고
있다. 과연, 성경 속 전도자들의 삶이 어떠했는가? (행 14:1~28)

3. 구원이 필요한 인간

그 원죄사건에 또 다른 핵심 하나가 있는데, 사단이 인간위에 왕 노릇하며 사람들의 마음을 사로잡고 악의 종노릇 하게 할 것인데, 여자의 후손만이 그 유일한 해결책이다. (창 3:15, 요일 3:8)..

(1) 인간은 구제불능, 오리무중, 속수무책이다

아담은 하나님의 지혜가 그에게 머물러 있었다. 그 하나님께서 그 앞에 각 생물을 이끌어 내시고 이름을 어떻게 짓는가 보았는데 그가 일컫는 바가 곧 그 이름이 되었다고 했다. 그 아담이 뱀의 배후에서 역사한 사단을 이기지 못하여 하나님의 말씀을 어긴 것이다. 하물며 원죄 후 타락한 인간은 하나님의 형상을 잃어버리고, 사단의 자녀가 되어 악한 영의 종노릇 하는 본질상 진노의 자녀(엡 2:1~3), 이것이 인간의 현주소다.

① 그 인간상을 있는 대로 말해보라!(롬 3:10~15)

② 그러면 이스라엘은 어떠했는가?(사 53:1~6)

③ 그 이스라엘을 무엇과 비교했는가?(사 1:2~4)

☞ 행복은 고사하고 안식도 없고 평안도 없다.

* 원인도 모르고 당하는 고통이 무엇인가?(행 8:4~8)

* 정신이 어떻게 얼마나 시달리고 있는가?(행 16:16~18)

* 이생과 내세의 고통이 어떠한가?(마 11:28, 눅 16:19~31)

(2) 인간은 원죄라는 사슬에서 벗어날 방법이 없다.

인간은 근본문제인 원죄, 그 원죄의 결과 필연적인 자범죄, 조상의 죄, 사단의 종노릇하는 우상숭배 죄, 살아가는 동안에 사주팔자 운명에 묶여, 저주와 재앙 속에서 살다가 죽어서 심판 받고, 영원한 지옥형벌을 받아야 하는 근본문제를 해결할 수가 없다.

구원이란 거기서 해방될 뿐만 아니라 하나님을 아버지로 만나서 그 신분 권세를 누리며 살다가 천국에 갈밖에 없는 신분이 된 것이다. 그것을 위해 하나님이 창세전에 자기 기쁘신 뜻을 따라 그리스도 안에서 구원계획을 세우시고 때가 되매 그 아들 예수를 그리스도로 보내사 그로 말미암아 구원을 이루신다는 그것이 성경의 핵심이다.

① 그를 구별하는 핵심이 무엇인가(창 3:15, 사 7:14)?

그래서 사람들이 비아냥거렸다. 처녀가 어떻게 아기를 낳을 수 있느냐고,
이것이 사람들의 수준이다. 그리고 그 수준으로 보면 100% 맞는 말이다.
그래서 실상은 그것이 또한 그리스도를 구별하는 기준이 되는 것이다.
왜냐면 사내를 알지 못하는 처녀는 결코 아기를 낳을 수 없으니까?! 말이다.

② 과연, 그 일을 왜 어떻게 이루셨다 했는가?(마 1:18~20)

③ 과연, 그 이름이 무엇이며, 그 뜻이 무엇인가?(마 1:21~23)

과연 그렇다. 사람으로서는 불가능하지만 하나님이기에 가능하다. 구원의 비밀은
더 간단명료하다. "누구든지 주의 이름을 부르는 자는 구원을 받으리라(롬 10:13)"
하였다. 이것은 그리스도로 오신 예수의 이름을 건 언약이며, 변할 수 없는 언약이다.

이것이 한 목사의 독선인가 아니면 실로 제발, 제발 하는 심정으로 외치는 절규인가!
돈도 시간도 노력도 필요치 않다. 오직 은혜로 열려진 간단명료한 길이다.
"예수는 그리스도! 나의 주! 나의 하나님이심을 내가 믿는다." 라고, 그렇게 고백하면
즉각 하나님의 자녀가 되고, 구원을 받는다. 그래서 책 제목을 "10초만의 기적",
'그러나 내 생애 최고의 순간' 이라고 하였다. 단 한명이라도 더 구원 받으라고 말이다. 나의 사랑하는 친구들이여! 입으로 고백도 못하시겠는가?! 시금 고백하면 된다.
지금 거기서 말이다.

그러므로 이 글을 읽는 당신도 한번 해보라! '예수님은 그리스도, 나의 주, 나의 하나님' 이라고, 거기서 말이다. 단 10초면 된다. 사실이고 진실이다. 많은 시간이 필요한 것도, 돈이 들어가는 것도, 세금 내는 것도 아니다. 증인문서를 남기라는 것도 아니다. 지금 어떤 종교를 가지고 있든지 상관하거나 그 종교를 바꾸라는 것도 일단 아니다. 그런데 구원 받는다.

그 즉시 하나님 자녀가 되고(요 1:12), 사망에서 생명으로 옮겨진다(요 5:24). 살아가는 동안 결코 부끄러움을 당하지 않는다.(롬 10:11~12)

실로 그렇다! 사람은 어느 날 홀연히 죽는다. 그러나 예수 안에 있으면 죽어도 산다 (고전 15:12~58). 과거 현재 미래의 어떤 모습이나 인간 싸가지 와도 무관하다. 믿는 그 순간 막 바로 원죄라는 그 정죄, 그 저주와 재앙의 사슬에서 벗어나는 것이다. 이것이 기독교다!

※ 과연, 성경이 무엇을 말하며, 기준이 무엇인가?(요일 5:9~12)

(3) 구원자는 여자의 후손으로 오신 그리스도 예수뿐이다.

* 그 사실을 예수 자신이 얼마나 적나라하게 드러내셨는가?(요 10:7~15)

① 과연, 성경이 무엇과 무엇을 비교하고 있는가?(롬 5:17~19)

② 과연, 죽음과 삶의 원리가 무엇인가?(고전 15:21~22)

③ 누가 무엇을 왜 어떻게 이루셨는가?(히 10:1~18)

☞ 예수는 아무나, 아무 때나 믿을 수 있는 게 아니다. 하나님의 계획과 시간표, 바로 "그 때에" 비로소 가 맞다. 실로 "예수"라는 이름은 자의로 입에 오르내릴 수 있는 그런 허약한 이름이 아니다. 이것이 기독교다.

* 어떻게 예수를 '주(主)'시라 할 수 있는가?(롬 10:13~15, 고전 12:1~3)

※ 그러므로 전도자는 하나님의 자존심이라고도 할 수 있다.

① 보라! 사람이 왜 어떻게 전도자인가?(마 4:19, 롬 10:15)

* 과연, 누가 누구를 왜 어떻게 부르셨는가?(막 3:13~15)

② 그 일을 능히 할 수 있도록 어떻게 하시는가?(마 28:16~20)

* 왜, 어떻게, 얼마나 보장하셨는가(행 1:1~8)

③ 그 구원의 비밀이 어떠한가?(롬 10:9~10)

* 보다 더 중요한 것이 무엇인가?(롬 10:11~12)

기독교는 예수만이 그리스도라고 믿는 유일 집단이다. 인간의 근본문제를 해결하는 유일한 답이 그리스도 예수이기 때문이다. 그러므로 그 이름 하나 때문에 모든 종교와 사상이 똘똘 뭉쳐 기독교를 대적해 온 것이 세계사의 중심축이다. 이 사실을 한 인간 목사의 아전인수식 자아도취라고 매도하실건가요? 어허! 한번쯤 중심에 회상해보시라! 그러면 오히려 소망이 있으리라!

※ 타락 직후 드러난 자, 메시아 곧 그리스도!

그는 처음부터 구원자니, 타락직후에 예고된 여자의 후손, 바벨론포로 직전에 선포
된 자, 곧 처녀가 낳을 아들 임마누엘, 성탄 그 밤에 드러난 자, 곧 우리와 함께 하시
는 하나님! 그 이름 '예수', 그 직분이 "그리스도", - 곧 "기름 부음을 받은 자"
그 직분에 따르는 세 가지 사역, 곧 제사장, 선지자, 왕의 직분이요, 실로 세세
무궁토록 영원한 직분(롬 16:27, 히 13:8)이다.

(1) 제사장 직분

① 과연, 그 직분을 누가 왜 어떻게 감당하셨는가?(히 9:11~15)

 * 과연, 어떤 일이, 왜 어떻게 일어났는가?(히 10:10~20)

② 반면에 사람들이 허망한데 굴복하고, 헛된 우상에게 제사하는 이유가
   무엇인가?(엡 4:17~19)

 * 그러면 왜 그랬다고 말하는가?(딤전 4:1~2)

 * 사후효도라 우기는 제사는 무엇인가?(고전 10:20)

 * 그 허망한 행위의 또 다른 이유가 무엇인가?(롬 8:20)

③ 반면에 그와 같이 그리스도들이 그 허망한데 굴복하지 못하는 이유도 밝히고 있다.
   그것이 무엇인가?(고전 10:21~22)

그것이 인간의 결심 유무나, 능력유무에 있지 않다. 인간은 속수무책이다.
(롬 8:20~21, 딤전 4:1~2) 그 이유 중 하나는 "자기 양심이 화인 맞아서"
다른 하나는 "굴복케 하시는 이로 말미암아" 그렇다. 그러므로 굴복하지 않는 게
아니라 굴복할 수 없는 것이다. 과연 인간은 양쪽 다 철저한 무능이다.

☞ 전도도 그렇다! 예수, 그 이름! 누구나 부를 수 있을 것같은 이름! 그러나 아무나 부를 수 없는 이름! 아무에게나, 아무 때나 알게 하지 않는 이름! 오직 하나님자신의 계획, 그리고 그 시간표 속에서만 알게 하시는 이름! "주는 그리스도시요, 살아 계신 하나님의 아들이시니이다" 이것을 고백하는데 단 10초면 충분하다.

그러나 그리도 짧은 그 순간 모든 복을 다 받는다.(마 16:16~19) 이것은 그리스도이신 예수님의 일방적 선언이요, 확실한 언약이다. 그래서 부르기만 해도 되는 이름, 그래서 "예수가 그리스도, 나의 주, 나의 하나님" 바로 그 순간, '내 생애 최고의 순간'이다. 실상은 창세전부터 예비된 복! 말이다.

① 언제부터 얼마만큼이나 예비 된 복인가?(엡 1:3~23)

② 그 복을 왜 어떻게 받는가?(행 2:21~22, 롬 10:12~13)

③ 실로, 왜 어떻게 그러한가?(요 6:37, 행 13:48, 고전 12:3)

☞ 전도자도 그렇다! 어린양을 이리 가운데로 보냄과 같다고 했다.(눅 10:3)

① 그러나 괜찮다. 왜 그런가?(요 16:33)

② 그 전도자의 직분과 위치가 어떤가?(고전 1:19~25)

③ 누구를 위해, 누가 무엇을 어떻게 하시는가?(고후 5:13~21)

과연 그는 시종이 여일하다! 보라! 예수께서 말씀하시되 "나를 따라오라! 내가 너희를 사람을 낚는 어부가 되게 하리라(마 4:19). 하시니," 그대로 되니라.
이것이 기독교다.

(2) 선지자 직분

① 예수께서 친히 하신 말씀이 무엇인가?(요14:6)

한번 쯤 생각해보라! 이 땅의 수많은 사람 가운데, 과연 어떤 성현, 어떤 종교 교주가 여자의 후손으로 온 자가 있으며, 죽었다가 살아난 자 있는가?!

이는 어두운데서 은밀하게 진행된 게 아니다. 그가 스스로를 하나님이라 하였으므로 죽어 마땅하다고 고발한 그 유대인들이 지켜보는 가운데 당대 최고 권력에 의하여 죽임을 당했고, 군병들이 무덤을 굳게 지키는 가운데 부활했으며, 부활 후에도 40일 동안 확실한 증거로 모든 사람들에게 보이시며, 하나님 나라의 일을 말씀하셨다 (행 1:1~3).

② 전혀 상상도 못했던 대제사장과 장로들이 어찌했는가?(마 28:11~14)

 * 그러면 왜 그랬을까? (마 27:63~64)

 * 그러나 결과는 어찌되었는가? (마 28:15)

③ 제자들의 수준도 그랬다. 예수께서 잡히던 그 밤에 뿔뿔이 흩어져 모두 도망갔다. 심지어 수제자 베드로가 어찌했는가? (마 26:56~75)

 * 그 연약했던 베드로가 왜 어떻게 전도자인가? (행 4:8~21)

이와 같이 부르심을 받은 자가 성령의 권능으로 증거(행 2:4~41)하는 바로 이것이 전도란 거다. 다시 말하면 "나를 따라오라! 내가 너희를 사람을 낚는 어부가 되게 하리라" 하시니, 그대로 되니라. 소명 즉, 사명이란 말이다.

참~ 놀라운 일이다. "영접하는 자 곧 그 이름을 믿는 자들에게는 하나님의 자녀가 되는 권세를 주셨으니"(요 1:12), 그러므로 그 죄와 허물뿐인 인간이 예수 이름 믿기만 했는데 즉각 하나님을 아버지로 만나는 이것이 기독교다.

☞ 그 증거가 무엇인가?

① 예수이름 부르는 것이 얼마나 불가능한 일이라고 말하는가? (요 1:1~11)

② 그러면 누가 그 이름을 부를 수 있다는 말인가? (요 1:12~14)

③ 과연 어느 때, 어떻게 부를 수 있는가? (요 1:14~18)

(3) 왕 직분

① 성경이 그 왕 직을 어떻게 묘사했는가?(계 19:15~16)

* 사람이 의기충천하면 그 순간 할복자살을 할 수도 있고, 죽음에 자신을 내어 던질 수도 있다. 그러나 모진 오랜 고문을 참아내기는 쉽지 않다.

* 하물며 돌에 맞아 죽어가는 것을 보거나 삶의 터전을 잃어버리고, 기약없는 나그네 삶을 살거나 토굴에 유리방황 하면서 예수증인 과연 가능할까?! 실로 그렇게 죽어가며 예수 말하는 것은 쉽지 않을 터, 그러나

② 스데반이 예수 말하다가 돌에 맞아 죽어간 바로 그 날, 과연 어떤 일이 일어났는가?(행 8:1~8)

* 또 다른 증인들에게 어떤 일이 있었는가?(히 11:36~38)

③ 원죄의 배후세력 마귀를 어떻게 이길 수 있는가?

* 누가, 왜, 어떻게?(요일 3:8)

* 누가, 왜, 어떻게?(계 12:9~11)

과연, 예수로 말미암아서 만 비로소 악을 밭 갈듯 하는 세상에서 살아가는 인간이 인간답게 살아갈 수 있는 길이 열리는 것이다. 그러므로 그 예수가 증거 되는 그 때 비로소 마귀의 권세가 무너지고, 큰 기쁨이 있는 것이다.

사람들은 성경을 설화라 매도하며 우기기도 하지만 과연 예수는 그리스도, 그래서 그가 이토록 우리의 심령 속에서 살아 역사하는 것을 낸들 어쩌라고! 그래서 밖으로 는 불신자, 안으로는 신자들로부터 그 모진 핍박과 조롱을 인간의 연약한 육체에 짊어지고도 이처럼 박박 우길 수 있는 것이다.

제2과 하나님이 구원을 계획, 친히 이루신다. (10초만의기적 183p)

이미 살펴본 바와 같이 원죄이후 인간은 누구나 사단의 자녀, 그래서 악한 영의 종노릇 하는 자이기에 그 어떤 법과 제도로 막을 수 있는 것이 아니다. 교육이나 어떤 종교의 힘으로 해결할 수 있는 것이 아니다. 그래서 지구촌이 똘똘 뭉쳐서 대책을 세워도 보고, 그렇게 역사가 흐르고 또 흘러도 악은 더 지능화되고, 더 심화될 뿐이다. 과연 그렇다! 전에는 우리도 다 그 가운데서 우리 육체의 욕심을 따라 지내며 육체와 마음의 원하는 것을 하여 다른 이들과 같이 본질상 진노의 자녀이었다.(엡 2:1~3),

* 그런 우리를 하나님이 왜 어떻게 살리셨는가?(엡 2:4~8)

* 하나님이 왜, 그렇게까지 하셨는가?(엡 2:8~10)

이처럼 예수를 믿기 전과 후의 신분이 극명하게 달라진다. 그래서 "예수가 그리스도!" 이 답 하나로 세상을 이긴다. 그러므로 자기를 자랑하지 않고, 그 예수만 자랑할 수 있는 사람들에게서 비로소 선이 나오는 것이다.

세상을 보라! 부부, 친구, 이웃, 인간관계에서 왜 싸움이 일어나는가? 나는 잘했고 너는 못했다 이거나, 자격지심, 혹은 자존심에 상처 등등 아닌가요?

그러나 나는 자랑할 것이 아무 것도 없다. 그러던 내가 예수 안에서 선한 일을 할 수 있는 자로 다시 태어났다. 실로 "그리스도 예수 안에서 우리에게 자비하심으로써 그 은혜의 지극히 풍성함을 오는 여러 세대에 나타내려 하심이라"(엡 2:7) 하였으니, 오직 은혜로, 예수 자랑하는 예수증인! 이 하나 가지고 모든 문제를 한방에 해결할 수 있다.

1. 인간은 오직 은혜로만 구원을 받는다.

(1) 죄인을 불러 영화롭게 하시는 은혜

* 과연 그 은혜가 어떠하며 얼마나 큰가?(롬 8:26~30)

* 그 누가, 무엇이 그것을 막을 수 있는가?(롬 8:31~39)

* 그러면 왜 그런가?(롬 8:26~28, 32. 39절)

하나님의 형상을 잃어버리고 하나님과 관계가 단절된 사람들, 허물과 죄로 죽은 사람들, 하나님과 단절즉시 거짓의 아비, 사단의 자녀 되어 악한 영의 종노릇하는 사람들, 육체의 욕심을 따라, 육체와 마음의 원하는 것만 행하는 본질상 진노의 자녀들, 그 인간에게서 어찌 선이 나올 수 있겠는가?! 그럼에도 불구하고 광명한천사의 손에 떨어진 사람들은 끊임없이 비아냥거리거나 조건을 제시한다.

① 보여주면 믿는다구요? 그런 게 어디 있나요? 베드로를 보라!

그는 예수께서 친히 수많은 불치병, 심지어 죽은 나사로가 베를 동여맨 채 무덤에서 걸어오는 것을 보았다. 그에게 바람과 바다도 순종하고, 사망권세도 순종하는 것을 보았다. 그런데 잘 믿었나요? 천만에!

② 뭐, 교육을 잘못했다구요? 그런 게 어디 있나요? 베드로를 보라!
그는 나와 같이 연약한 자에게 교육을 받은 게 아니다. 주 1회 30분도 아니고 3년을 한결같이, 그것도 예수님과 함께 동거하면서 제자교육을 받았다. 그런데 마침내 맹세까지 하면서 예수를 부인하고, 옛 생활로 돌아갈 수밖에 없었다. 예수, 아무나, 아무 때나 믿나요? 천만에!

③ 뭐, 잘해주면 믿는다구요? 그런 게 어디 있나요? 예수님은 그 베드로를 단 한 번도 책망한 적이 없다. 그가 돌이킬 때까지 짝사랑했다. 왜죠? 예수께서 잘 못해줘서 인가요? 아니면 무능해서 인가요? 천만에!

다만 예수는 그리스도! 그 은혜로만 믿는다. 죄인을 불러서 의롭다 하시고 영화롭게 하시는 은혜! 그가 친히 언약하신 바, 다만 시간표, 그럼에도 불구하고 선을 기대하다가 낭패와 실망과 공허, 그것이 인간이다.

세상에는 많은 사람이 있으나 성경적으로 보면 딱 두 부류 뿐이다.
무서워하는 종의 영을 받은 자와, 하나님을 아버지라 부르는 양자의 영을 받은 자!

* 과연, 인간의 실상이 왜 어떠한가?(갈 5:19~21)

* 과연, 선을 행하기에 얼마나 무능한가?(롬 8:5~8)

* 언제 비로소 육의 행실을 죽일 수 있는가?(롬 8:9~15)

(2) 마침내 믿음으로 세상을 이기게 하시는 은혜

① 성경으로 인간의 실상 - 그 하는 짓거리를 보라!

* 가인이 누구며, 무슨 짓을 어떻게 했는가?(창 4:1~9)

* 그 후 사람의 마음과 생각이 항상 어떠했는가?(창 6:1~5)

* 사람들이 하는 짓거리가 무엇이며, 어찌 되었는가?(창 11:1~8)

② 흩어져 유리방황 하다가 하는 짓거리 - 우상숭배

 * 그 우상이 과연 무엇인가?(합 2:18~19)

 * 그 결국은 어찌 될 것인가?(겔 14:1~8)

③ 오직 여호와만이 하나님, 과연 그 하나님은 어떤 분인가?(합 2:20)

　　이것은 단순경고가 아니라 실상이다. 헛된 우상을 섬기는 것, 자체가 영적문제의
　　결과요, 섬기면 섬길수록 더 갈증, 공허, 혼돈, 마침내 오리무중이다. 그러나 예수는
　　믿어지면 믿어질수록 힘이요, 능력이요, 권세다. 과연 성경은 설화가 아니다.
　　사실이고 실제상황이다. 예수 생명, 그리고 예수 능력이다.

 * 우상숭배자들의 말로가 어떠한가?(출 20:3~5)

 * 실로 하나님이 어떻게 하시는가?(엡 1:10)

 * 그러면 왜 어떻게 그리하시는가?(빌 2:9~11)

 * 과연 그 주체가 누구인가?(고후 10:4~6)

(3) 그 은혜의 영광을 찬송하게 하시는 은혜

성경의 인간관은 단 두 부류다. 신자와 불신자, 그리고 원죄 이후,
모든 인간은 구제불능, 오리무중, 속수무책이다.

① 아무리 성공해도 괜찮지 않은 사람들이다.

 * 과연 그 진술이 어떠한가?(엡 2:1~3)

② 거기에서 왜 어떻게 벗어날 수 있는가?(엡 2:4~7)

 * 과연, 승리의 기준이 무엇이며, 얼마큼인가?(요일 5:4~5)

 * 과연, 순 악질 바울이 결국 어떻게 되었는가?(빌 4:12~13)

③ 그 구원을 누가 언제, 어디서, 무엇을, 어떻게, 왜 이루셨는가?(엡 1:3~15)

* 누가 : 긍휼이 풍성하신 하나님이
* 언제 : 창세전에
* 어디서 : 그리스도 예수 안에서
* 무엇을 : 자기의 기쁘신 뜻대로 예정하신 자들을 구원하시고,
           자기 자녀로 삼으시려고
* 어떻게 : 그리스도 예수로 말미암아
* 왜 : 하늘에 속한 모든 신령한 복을 주시고, 거룩하고 흠이 없게 하시고 그의 은혜의
   영광을 찬송하게 하려고, 자기 영광의 찬송이 되게 하 시는 하나님, 그것도 그리스도
   안에서 때가 찬 경륜을 따라, 천하 만물이 다 그리스도 안에서 통일되게 하시려고,
   이것이 기독교다!

④ 실로 바울의 기도제목이 무엇인가?(엡 1:16~23)

  * 첫 번째 기도제목이 무엇인가?(16~17절)

  * 두 번째 기도제목이 무엇인가?(18절)

  * 세 번째 기도제목이 무엇인가?(19절)

⑤ 어디 그 뿐인가? 왜 그랬는가?(엡 2:4~10)

  * 그 첫째는?(4~5절)

  * 그 둘째는?(6~7절)

  * 그 셋째는? 그리고 그 결론은?(8~10절)

2. 은혜 중 은혜가 "그리스도"

(1) 복음 중 복음 - "주 예수 그리스도"(롬 1:1~17)

① 왜 어떻게 전도자인가?(1, 5~6절)

② 복음의 기준이 무엇인가?(2~4절)

③ 복음이 왜 어떻게 증거 된다는 것인가?(7~17절)

☞ 강조점(3~4절) - "육신으로는 다윗의 혈통에서 나셨고, 성결의 영으로는 죽은 자들 가운데서 부활하사 능력으로 하나님의 아들로 선포되셨으니,
곧 우리 주 예수 그리스도시니라." 이것이 기독교다.

(2) 왜 꼭 복음이어야만 하는가?(롬 3:10~21)

① 인간의 본질과 속성이 무엇이며 왜 그런가?(10~18절)

* 율법은 무엇이며 그 역할이 무엇인가?(19~21절)

* 그럼에도 불구 사람들은 인간스스로가 그 모든 것을 할 수 있는 것처럼 착각하고,
모든 것을 총동원, 잘해보자 하는 것이 지구촌의 실상이다. 그러므로 낭패와 실망,
결국 공허할 것밖에 더 있겠는가?! 말이다..

② 왜 꼭 복음이어야만 하는가?(롬 3:21~24)

③ 그 또 다른 이유가 무엇인가?(롬 6:23)

(3) 예수만이 그리스도 - 간단명료한 진술

① 예수님의 선언이 무엇인가?(요 14:6)

* 베드로의 진술이 무엇인가?(행 4:12)

② 로마서 8장의 법정적 진술

* 법조문에 대한 진술이 무엇인가?(1~2절)

* 율법의 요구에 대한 진술이 무엇인가?(3~4절)

 * 육신의 요구에 대한 진술이 무엇인가?(5~8절)

 * 보다 더 최후 확정적 진술이 무엇인가?(14~15절)

③ 구원에 대한 바울의 확증이 무엇인가?(고후 5:17)

3. 기독교의 비밀은 예수영접에 있다.

(1) 그리스도는 율법의 마침이시다.(롬 10장 중심)

① 왜 어떻게 하나님의 의가 될 수 있으며 그 기준이 무엇인가(1~4절)

② 어떻게 주의 이름만 불러도 구원 받는가?(9~13절)

③ 그 또 다른 이유가 무엇인가?(14~15절)

④ 그럼에도 불구하고 어찌하여 순종치 않는 일들이 일어났는가?(16~21절)

 * 기독교는 잘 난 사람 잘 난 대로 살고, 못 난 사람 못 난 대로 사는 그런 종교가
   아니다. 사람들은 말하기를 나는 믿었는데 당신은 왜 믿지 않느냐고 말하곤 한다.
   그러나 그게 아니다. 보라!

⑤ 믿음이 왜 어떻게 임하는가?(엡 2:8~9)

   바로 이 시점이 종교생활 그치고, 범사 감사가 넘치는 참 신앙생활을 하는 시발점이
   되고, 예수로 자랑하고, 예수를 자랑하는 시발점이 되는 것이다.

(2) 예수를 영접하는 것 보다 더 큰 기적은 없다.

① 사도요한의 진술을 보면 그 사실이 간단명료하다.

* 예수영접이 얼마나 불가능 하며, 왜, 어떻게 가능했는가?(요 1:1~18)

* 그러므로 구원에 실수나 실패가 있을 수 있을까? 왜?(요 6:35~37)

* 그에 대한 예수님의 대답이 무엇인가?(요 6:40~45)

* 그러면 제자의 기준은 어떠한가요?(요 6:65~71)

② 베드로 고백에 대한 예수님의 증언은?(마 16:13~19)

* 베드로가 왜 책망을 받았는가?(마 16:21~23)

그러므로 베드로가 '주는 그리스도시요 살아 계신 하나님의 아들이시'라고 고백을 했을 때, 하나님이 알게 하시니, 아직 그 뜻도 모르고, 그냥 입술로만 나불거렸다고 할 밖에 없다. 그럼에도 불구, 모든 복을 다 받았으니, 과연 하나님의 무조건적인 은혜! 이것 말고 달리 말할 수 있겠는가! 말이다.

③ 구원의 비밀에 대한 또 다른 증언

* 바울이 무엇을 말하고 싶어 했는가?(고전 3:16)

* 바울의 증언의 요지가 무엇인가?(고전 12:1~3)

* 하나님나라 비밀을 어떻게 알 수 있는가?(눅 8:10)

* 예수님의 증언의 요지가 무엇인가?(요 3:7~8)

그러므로 예수영접을 과소평가 하는 것은 구원의 비밀이 무엇인지, 기독교가 무엇인지, 잘 모르는 것과 같지 않겠는가! 그리고 그렇게는 아닐지라도 한 가지 분명한 것은 그런 한에서는 전도는 고사하고, 언젠가 한번은 좌절하고, 한번은 낙심하지 않겠는지요! 그러므로 조금만 더 살펴보자. 기독교 교리의 진수라 할 수 있는 로마서가 그 마지막 진술을 어떻게 하고 있는가?

(3) 이제는 나타내신바 된 그리스도(롬 16:25~27)

① 구원을 누가 언제 어떻게 계획했으며 언제 나타나는가?

② 하나님이 구원을 왜 어떻게 이루시는가?(행 1:1~8)

③ 그 구원의 시작, 과정, 그 결과가 어떠한가?(롬 16:25~27)

* 과연, 그 구원 역사를 위해 누가 무엇을 어떻게 하셨는가?(행 2:1~3)

* 과연, 초대교회가 왜 이떻기 누구로부터 시작되있는가?(행 2:4, 5~47)

☞ 사도행전의 마지막 진술이 무엇인가?(행 28:30~31)

그러므로 전도를 이렇게 하면 되고, 저렇게 하면 안 되고, 하는 것은 아직 기독교가
무엇인지, 구원의 비밀이 무엇인지, 아직은 잘 모르는 것과 같다. 그리고 그렇게 해
서 전도가 되어지면 나도 모르게 교만하게 될 소지가 많고, 그렇게는 아닐지라도,
나도 모르게 전도의 색갈이 달라진다. 또 그렇게 해서 전도가 벽에 부딪치면 전도는
고사하고, 뒤죽박죽 오리무중이거나, 한번쯤은 낙심하고 좌절하거나,
한번쯤 미치고 환장하거나 마침내 포기하지 않겠는가!

또 전도는 하나님이 부르신 전도자를 통하여 친히 이루시는 성령의 사역이기에
전도자의 유능이나 무능을 논하는 것, 자체가 불필요하지 않겠는가?! 오히려 콕
찍어서 바로에게는 모세가, 니느웨에는 요나가, 구스 사람 내시에게는 꼭 빌립이,
백부장 고넬료에게는 꼭 베드로가 가야 하더이다.

☞ 또 성경 마지막 책 요한계시록의 진술을 보라!

* 참소하는 자 사단을 어떻게 이길 수 있었는가?(계 12:9~11)

* 과연 그리스도 예수, 그가 누구인가?(계 19:15~16)

이처럼 예수는 인간의 모든 문제를 완전히 해결하셨고, 친히 천하만국을 다스리신
다. 그래서 그가 이토록 우리의 심령 속에 살아서 역사하는 것을 낸들 어쩌라고!
그래서 그 모진 핍박과, 사람들의 조롱과 미움을 인간의 연약한 육체에 짊어지고도
이처럼 박박 우길 수 있는 것이다. 진실로!

제2장 내용 – 오직 복음

제1과 예수가 그리스도 (10초만의 기적 208p)

1. 인간의 문제

(1) 불신자의 눈으로 보면 - 만 가지다

① 아무도 원치 않으나 홀연히 터지고 또 터진다.

사람들은 그 원인을 환경 문화 사람 탓으로 돌린다. 불신자의 눈으로 보면 100% 맞는 말이다. 그러나 성경적으로 보면 100% 틀리다. 진단부터 틀렸다. 그래서 대책을 아무리 세워도 그 대책이 무대책이고 실패와 좌절, 공허다.

② 인간의 실상이 무엇인가?(엡 2:1~3)

* 그 사주팔자 운명에 묶인 인간의 실상을 무엇이라고 말하는가?(요 8:44)

③ 과연, 인생살이 그 과정, 그 결국이 어떠한가?(마 11:28, 12:25~45)

☞ 성경의 인간관을 상술해보라(롬 3:10~18)

실로 인류역사를 관찰해보면 꼭 그렇다!. 그럼에도 불구하고, 왜 그런지
그 이유조차도 모른 채, 수고하고 무거운 짐을 지고 아둥바둥 살이가고 있다.

(2) 신앙의 눈으로 보면 - 원죄와 그 결과다.

① 왜 어떻게 죄가 세상에 들어왔으며, 그 결과가 어떠한가?(롬 5:12~14)

② 실로 그 인간의 현주소와 그 실상이 어떠하다 했는가?(요 8:44)

③ 우리의 씨름은 누구에 대한 것이라고 했는가?(엡 6:12)

2. 그 해결책

(1) 예수

① 성탄, 그 밤에 들려진 이름 예수, 그는 누구인가?(마 1:18~23)

② 예수, 그 이름을 누가 어떻게 고백할 수 있었으며,
그 즉시 어떤 복을 받았는가?(마 16:16~19)

③ 그가 내 안에 왜 어떻게 살아 계신가?(갈 2:20)

④ 원죄 그 날에 선포된 여자의 후손, 그가 누구인가?(창 3:15, 사 7:14)

⑤ 그가 이 땅에 오신 목적이 분명하다. 무엇인가?(요일 3:8)

☞ 과연 생명의 기준이 무엇인가?(요일 5:11~13)

(2) 그리스도 - 대속

① 의롭게 되는 조건이 무엇인가?(롬 3:23~24, 갈 2:21)

② 어떻게 죄사함을 받으며 왜 그리하셨는가?(엡 1:7~10)

③ 어떻게 하나님을 아버지라 부르며, 당연히 받은 복이 무엇인가? (롬 8:15~18)

(3) 하나님의 사랑 확증!

① 그가 그 사랑을 어떻게 확증하셨는가?(롬 5:8~10)

② 그가 죄 문제를 왜 어떻게 해결하셨는가?(롬 8:1~2)

③ 그리스도의 그 제사장 사역에 대한 진술이 어떠한가?

* 하나님이 우리를 얼마나 사랑하셨는가?(행 20:28)

* 그러면 왜 무엇 때문에 그리하셨는가?(갈 2:16, 21)

실로 율법의 행위로는 의롭다함을 얻을 육체가 없다.(요 1:1~5 고후 4:3~4)
그래서 예수가 필요하다. 그러면 누가, 언제, 어떻게 믿을 수 있는가?

3. 승리의 비밀

(1) 예수영접 - 은혜 중 은혜

① 그게 얼마나 불가능한 일인가?(요 1:1~11)

② 그러면 어떻게 가능했는가?(요 1:13, 마 16:17)

③ 그 일이 어느 시점에서 일어나는가?(요 1:14~18)

* 이 얼마나 간단명료하고, 논리정연한 일인가 말이다.

(2) 오직 은혜 - 오직 예수

① 예수 외에 하나님 만나는 다른 길이 있는가?(요 14:6)

② 그 일을 위해 그가 무슨 일을 하셨는가?(요 14:16~17)

③ 보혜사 성령 그가 하시는 일이 무엇인가?(요 14:26~27)

☞ **예수, 그가 세상에 던져질 제자들을 위해 어떻게 하셨는가?(요 17:1~26)**

① 그의 첫 번째 기도가 무엇이며, 왜 그리하셨는가?(1~5절)

② 그의 두 번째 기도가 무엇이며, 왜 그리하셨는가?(6~19절)

③ 그의 세 번째 기도가 무엇이며, 왜 그리하셨는가?(20~25절)

* 과연 예수는 그리스도! 그 기도의 시작과 결론이 어떠한가?(1절, 26절)

(3) 비밀 - 그리스도(그가 내 인생의 주인(갈 2:20)

① 내 안의 영이 바뀌고 삶의 인도됨이 바뀜(고전 3:16)

② 기도응답을 누릴 자로 바뀜(요 14:13~14, 16:24)

③ 하나님나라 이루는 예수 증인으로 바뀜(행 1:8)

④ 천사의 보호를 당연히 받는 자로 바뀜(히 1:14)

⑤ 모든 것 합력 선을 이룰 자로 바뀜(롬 8:28~29)

⑥ 원수의 모든 능력을 제어할 자로 바뀜(눅 10:19)

⑦ 어느 정도로 확실? 이미 영화롭게 하셨다.(롬 8:30)

 * 이것이 기독교, 그리고 그 수준이다. 이 사실을 때때로 깊이 묵상하라!

☞ 만왕의 왕, 만주의 주 - 예수 그리스도(계 19:11~16)

① 과연 누가 우리를 대적할 자 있는가?(롬 8:31~32)

② 과연 누가 능히 고발할 자 있는가?(롬 8:33~35)

③ 우리가 왜 어떻게 이길 수 있는가?(롬 8:36~39)

다만 하나님의 전신갑주면 되는데(엡 6:10~20) 이미 은혜로 입혀놓고 확증하기를, 이는 악한 날에 너희가 능히 대적하고, 모든 일을 행한 후에 서기 위함이라 하였다. 그러므로 홀연히 터지는 문제와 사건 속에서, 병든 닭처럼 살 것인가? 아니면 위풍당당, 신나게 예수 자랑하며 살 것인가! 그 말이다.

제2과 예수만이 그리스도 (10초만의 기적 216p)

1. 오직 예수 뿐

(1) 예수 자신의 증언이 무엇인가?(요 14:6)

(2) 사도들의 증언

① 베드로의 증언이 무엇인가?(행 4:12)

② 사도 바울의 증언이 무엇인가?(갈 1:7~10)

③ 사도 요한의 증언이 무엇인가?(요일 5:11~13)

* 하나님이 정하신 생명의 기준이 예수다. 설사, 그것을 모르고 산다 할지라도 말이다.

2. 이미, 처음부터

(1) 예언

① 여자의 후손(창 3:15)

② 처녀가 낳을 아들 - 임마누엘(사 7:14)

(2) 성취

① 동정녀에게 어떻게 그 일이 가능했는가?(마 1:20)

② 예수, 그 이름의 뜻이 무엇인가?(마 1:21)

③ 임마누엘, 무슨 뜻이며 왜 그랬을까?(마 1:23)

(3) 마지막 도장

① 하나님이 옛적부터 어떻게 말씀해 오셨는가?(히 1:1)

② 이 모든 날 마지막에는 누구로 말씀하셨는가?(히 1:2)

③ 그가 누구며 이미 무엇을 어떻게 하셨는가?(히 1:3)

☞ **예수 탄생 전후에 선포된 메시지를 살펴보는 것이 꼭 필요하다.**

① 예수의 나심을 무엇 때문이라 했는가?(마 1:20~22)

② 그가 누구며 무엇 때문에 오셨다했는가?(눅 2:11~14)

③ 그가 어떻게 오셨으며, 그는 과연 누구신가(요 1:14)

이처럼 예수는 하나님의 본래계획 대로 그의 뜻을 이루려고 옛적에 여러 모양으로 말씀해 오신 하나님의 영광의 광채시요, 그 본체의 형상, 그러므로 예수만이 그리스도! 언약의 마지막 도장이요, 최후 확정! 이것이 기독교다.

3. 유일한 해결자

(1) 그리스도

① 십자가 7언 중 마지막 말이 무엇인가?(요 19:30)

② 예수, 그가 왜 오셔야만 했는가?(히 10:7~8)

③ 그가 무엇을 왜 어떻게 하셨다했는가?(히 10:9~14)

* 이 사실을 때마다 일마다 깊이 묵상하시라!

(2) 성령이 이 사실을 내 안에서 확증하심

① 주께서 그 사실을 어떻게 확증하시는가?(히 10:15~17)

② 그 일을 왜 어떻게 이루셨는가?(히 10:17~20)

제3과 그리스도는 답이다. (10초만의 기적 219p)

1. 나와 항상 함께 계신 그리스도

(1) 그가 왜 어째서 항상 함께 하시는가?(마 28:18~20)

(2) 누가 내 안에 무엇으로 살아계시는가?(갈 2:20)

(3) 내 안에서 나와 더불어 무엇을 하시는가?(계 3:20)

그러므로 성도들은 내 인생을 내가 사는 것 같지만, 실상은 그리스도께서 내 안에서 내 인생을 사는 것이다. 그리고 그 정도가 아니다. 다음을 보라!

2. 그리스도 안에서 이미 영화롭게 된 자들

(1) 합력하여 선을 이루심 - 과연, 누구에게 왜 그러한가?(롬 8:28)

(2) 그리스도가 맏아들 되는 차원 - 과연, 그 신분이 어느 정도인가?(롬 8:29)

(3) 또한 영화롭게 하셨느니라. - 과연, 그 수준이 얼마나 대단한가?(롬 8:30)

3. 우리를 위해 간구하시는 그리스도

(1) 과연, 우리를 대적할 자 있는가? 왜 그런가?(롬 8:31~32)

(2) 과연, 우리를 고발할 자 있는가? 왜 그런가?(롬 8:33)

(3) 과연, 우리를 정죄할 자 있는가? 왜 그런가?(롬 8:34)

　* 롬 8:31~39을 어려울수록 더 깊이 묵상하라! 오히려 소망이 있으리라.

※ 모든 이론을 파하라!

(1) 그리스도는 하나님의 능력!(고후 10:4~6)

　① 어떤 견고한 진도 무너뜨리는 하나님의 능력
　② 모든 이론, 모든 생각을 사로잡아 그리스도에게 복종하게 하는 능력
　③ 너희의 복종이 온전하게 될 때에 모든 복종하지 않는 것을 벌하려고
　　준비하는 중에 있노라. 이 얼마나 간~절한 계획, 완벽한 보장인가?!

(2) 만물이 복종하게 되는 이름(엡 1:8~23)

　① 그리스도 안에서 누가 무엇을 어떻게 한다는 것인가?(8~10절)

　② 그가 누구이며 만물이 그에게 어찌된다는 것인가?(21~22절)

　③ 교회가 무엇이며, 그래서 교회가 어떻다는 것인가?(23절)

　* 그러므로 바울의 기도제목이 무엇이었는가?(엡 1:17~19)

(3) 모든 무릎이 꿇게 되는 이름(빌 2:9~11)

① 실로 하나님이 그리스도, 그에게 어떤 이름을 주셨는가?

② 과연 그리스도 예수, 그 이름이 어떤 이름인가?

③ 결국 모든 입이 무엇을 어떻게 할 것인가?

☞ 과연 그렇다! 원죄 이후 인간의 실상과 세상의 실상을 안다면 더 그렇다.
과연, 타락한 인간에게 그리스도 외에는 답이 없다.

☞ **나의 목회현장이 실로 그랬다.**

내가 사랑하고 심혈을 기울인 수많은 제자들, 그들 중 내 곁에 있는 사람, 지금은 별로 없다. 다 나를 떠나갔다. 갈 때는 그냥 가지 않았다. 마구 총을 쏘며 갔다. 가는 이유도 가지 가지 다양했다. 아주 기발한 이유도 있다. "저 교회 저 목사 망하는 것이 하나님의 뜻"이라고, 그들 대부분이 나와 함께 있을 때는 이렇게 말했었다. "우리를 잘 길러주신 목사님을 평생 잊을 수 없어요, 건강하게 오래오래 사세요."

① 그 말이 사실일 것이다. 그러나 내 마음 나도 몰라! 그게 바로 인간이다.

어떤 때는 저주도 하고 싶었고, 오는 방방이 가는 홍두깨처럼 후려치고도 싶었다. 그러나 그 때에도 주와 그의 말씀이 나를 지키셨다. 그래서 저주는 고사하고, 악담도 할 수가 없었다. 목사라는 직분의 자존심을 걸고 말이다. 하물며 예수가 그리스도! 그래서 잘 가거라! 사랑하는 나의 제자들이여! 그 때에도 내가 할 말은, 어허! 괜찮다니까, 그래도 예수는 그리스도! 나의 주, 나의 하나님이시니, 옳소이다. 이렇게 된 것이 아버지의 뜻이니이다. 하였나.

② 그래서 그 말이 사실일 것이다.

"우리를 잘 길러주신 목사님을 평생 잊을 수 없어요" 그러므로 나는 다만 "아시지요? 주님, 부탁해요 주님!" 그러면 되었다. 이것이 기독교나. 그래서 어느 날, "우리를 잘 길러주신 목사님을 평생 잊을 수 없어요." 그 날이 온다. 이미 그 날이 온 사람도 있다. 그들 중에는 어느덧 동역자 되어 선교 현장을 돕는 자도 있고, 매월 얼마씩 송금해주시는 분도 있다.

그때 그 사람, "저 교회, 저 목사 망하는 게 하나님의 뜻"이라고 독하게 총을 쏘고 나갔던 그 사람, 그들 중에는 또 이런 사람도 있다. "목사님의 노후는 우리가 책임질게요." 우리 자녀들에게도 그렇게 말했답니다. "만일 우리가 못하면 너희가 라도 해야 된다고, 목사님 은혜를 잊으면 안 된다고" 이것이 바로 기독교다. 언약하신 대로 이루시는 참~미쁘신 하나님! 말이다.

③ 때때로 사람은 자기가 알 수 없는 말을 주절댄다.

그러나 그게 성령의 교통하시는 은혜라면 어쩔건데? 인간은 때때로 환경 때문에 근심걱정염려 충만하고, 매사 원망과 불평뿐인 사람들, 그러나 그런 죄인들을 불러서 의롭다 칭하시고, 의롭다 하신 그들을 영화롭게 하신 은혜! "예수님은 그리스도!" 이것이야말로 인간에게 들려진 최고의 언어요, 하나님이 인간에게 주신 최고의 선물이다.(롬 8:21~39) 진실로!

보라! "또 미리 정하신 그들을 또한 부르시고, 부르신 그들을 또한 의롭다 하시고, 의롭다 하신 그들을 또한 영화롭게 하셨느니라." 이미 말이다.

그래서 이 하나님의 간절한 소원을 따라, 다시 무서워하는 종의 영을 받지 아니하고, 양자의 영을 받았으므로, 하나님을 아버지라고 부를 수 있는 것, 그 부르심에 나도 모르게 은혜로 응하는 최초의 사건이 바로 예수 영접, 그리고 그 즉시 하나님의 자녀! 이것이 성경이고, 이것이 기독교다.

☞ **일곱별의 비밀과 일곱 금 촛대의 비밀을 때마다 일마다 깊이 묵상하라!**

① 에베소 교회의 사자에게 말한 그리스도는 누구인가?(계 2:1~7)

② 서머나 교회의 사자에게 말한 그리스도는 누구인가?(계 2:8~11)

③ 버가모 교회의 사자에게 말한 그리스도는 누구인가?(계 2:11~17)

④ 두아디라 교회의 사자에게 말한 그리스도는 누구인가?(계 2:18~29)

⑤ 사데 교회의 사자에게 말한 그리스도는 누구인가?(계 3:1~6)

⑥ 빌라델비아 교회의 사자에게 말한 그리스도는 누구인가?(계 3:7~13)

⑦ 라오디게아 교회의 사자에게 말한 그리스도는 누구인가?(계 3:14~21)

 * 그 장문의 편지, 그 서두와 마지막 도장이 과연 어떤가?(계 1:20, 3:22)

※ 초청의 말씀

(1) 예수님의 초청(마 11:28)

* 그 내용이 무엇이며, 그것은 무엇을 의미하는가?

(2) 하나님의 무한한 사랑(요 3:16~18)

① 하나님이 독생자를 왜 주셨는가?(요 3:16)

② 누구로 말미암은 구원인가?(요 3:17)

③ 믿지 아니하는 자는 이미 어찌되었는가?(요 3:18)

(3) 영원한 생명이냐, 영원한 진노냐?!(요 3:35~36)

① 아버지께서 아들을 사랑하사, 만물을 다 그의 손에 주셨으니,

② 아들을 믿는 자에게는 영생이 있고, 아들에게 순종하지 아니하는 자는
   영생을 보지 못하고 도리어 하나님의 진노가 그 위에 머물러 있느니라.

☞ 신자와 불신자의 차이가 하늘만큼 땅만큼 이거늘, 어허! 낸들 어쩌라고?!

한번쯤 생각해보라! 돈을 내라는 것도, 종교를 바꾸라는 것도 아니다. 증인문서를 남기고 인감도장 찍으라는 것도 아니다. 그렇다고 시간이 걸리거나, 다른 지식이 필요한 것도 아니다. 다만, 지금 "예수님은 그리스도, 나의 주, 나의 하나님이심을 내가 믿습니다. 예수 이름으로 기도합니다." 라고 고백만 하면 된다. 10초도 안 걸리는데, 그것이 당신 생애, 최고의 순간이란 말이다.

즉각 하나님의 자녀가 되고, 언제 죽어도 천국, 이 세상 사는 동안 하나님 자녀로서의 신분권세를 누리게 되는데, 그 일로 지금 당신을 부르십니다.

한번쯤 생각해보라! 지금 당장 내 교회에 나오라는 것도 아니고, 헌금이나 봉사를 하라는 것도 아니다. 그러니 사기 당할 이유도, 손해 볼 이유도 없다. 실로 만화 같은 이야기 이지만, 만화가 아니라 사실이고, 진실이기 때문에 이처럼 엎드려 간청하는 것이다. 당신의 행복과 영원한 생명을 위하여!

제3장 방법 - 오직 성령

제1과 오직 성령의 권능(10초만의 기적 226p)

1. 방법을 부정하고 싶은 마음은 추호도 없다.

(1) 어떻게 전파하든 전파되는 것은 그리스도

① 이상한 동기도 있었는데 무엇인가요?(빌 1:15~17)

② 겉치레든지, 참이든지 왜 기뻐했나요?(빌 1:18~21)

③ 초대교회 때는 백성들에 대한 두려움이라도 있었다.
   왜, 무엇 때문에 그랬나요?(눅 22:2, 행 4:21, 딤전 4:1~2)

* 지금은 그것조차도 없는 것 같다. 그리스도인끼리도 내가 아니면 아니
  라는 독선이 너무 강하다. 마치 양심에 화인 맞은 사람들처럼! 말이다.

(2) 전도는 이렇게도, 저렇게도 할 수 있다.

① 세례 요한은 어떻게 전파했는가?(마 3:7)

② 빌립은 어떻게 전파했는가?(요 1:45)

③ 수가성 여인은 어떻게 전파했는가?(요 4:28~29)

④ 사도행전 첫 전도가 어떻게 시작, 어떤 일들이 일어났는가?(행 2:1~13)

⑤ 베드로가 첫 전도를 어떻게 했으며 어떤 일이 일어났는가?(행 2:14~41)

(3) 이러하든 저러하든 오직, 성령이 그 권능으로!

① 성령, 그가 빌립에게는 어떻게 하셨는가?(행 8:26~39)

② 성령, 그가 베드로에게는 어떻게 하셨는가?(행 10:10~20)

③ 성령, 그가 사도행전 첫 선교사를 어떻게 보내셨는가?(행 13:1~4)

④ 과연, 주께서 루디아에게는 어떻게 역사하셨는가?(행 16:14~15)

2. 전도는 맞고 틀리고가 없다

(1) 하나님의 구원계획을 위하여 예수가 그리스도!

① 그가 이 땅에 오신 이유가 무엇이며 왜 어떻게 이루시는가?(마 1:21~23)

② 과연, 그의 탄생 그 자체가 누구에게 어떤 의미인가?(눅 2:11~14)

③ 성경은 인간의 착각과 하나님의 미쁘심 사이를
얼마나 극대화 시키셨으며, 왜 그렇게 하셨는가?(사 53:1~12)

☞ **과연 예수께서 그 일을 왜 어떻게 이루셨는가?**

그는 멸시천대, 조롱을 받음에도 입을 열지 않으시고 십자가를 지심으로 이루셨는데, "이 모든 일의 된 것은 성경을 응하게 하려 함"이라 하였다.

* 그가 십자가에서 외치신 한 마디가 무엇인가?(마 27:1~54, 46, 막 15:34)

* 그가 십자가에서 외치신 세 마디 말씀이 무엇인가?(눅 23:33~47)

* 그가 십자가에서 외치신 세 마디 말씀이 무엇인가?(요 19:23~37)

(2) 하나님 나라의 절대성 (행 1:1~8)

① 그 일로 예수가 그리스도!

② 그가 이루실 나라, 하나님나라, 사람이 그의 힘으로 이룰 수 없는 나라

③ 아버지가 아들에게 약속하시고 보내시는 성령, 오직 그 권능으로
   이루어 가시는 나라, 하나님나라!

3. 전도에는 실수, 실패란 단어가 불필요하다.

(1) 성령이 친히 감동하시고 교통하신다. (행 16:6~15)

① 바울 같은 전도자에게 왜 어떤 일이 있었다고 말하는가(행 16:6~8)

② 그때에 바울에게 어떤 일이 있었으며 그가 어떻게 했는가?(행 16:9~12)

③ 한 시대적 사건이 언제 어디서 왜 어떻게 일어났는가?(행 16:13~15)

(2) 이리했더니 되고, 저리했더니 안 되더라. 하지 말라!

① 그 순간에 나도 모르는 사이에 전도가 하나의 방법으로 전락되고, 그러면 때때로 교만하거나 때때로 미치고 환장 한다.

② 어제는 이리해서 되었는데, 오늘은 이리해도 안 되고, 저리해도 안 되는 경우가 허다하다. 그러므로 나의 전도에 역사가 일어나든, 안 일어나든 그 자체를 성령의 내주, 인도, 역사로 받으라!

③ 어느 날 홀연히 전도에 무한 자유와 기쁨을 맛보며 누림 속에서 전도를 지속하게 될 것이다. 만일 전도가 방법이라고 생각, 방법을 추구한다면 지구 한 바퀴를 돌고 또 돌아도 발견할 수 없을 것이다.

☞ 전도는 하나님이 창세전에 그리스도 안에서 자기 기쁘신 뜻을 따라 세우신 구원계획을, 바로 그 시간표를 따라서 한 치의 오차도 없이 이루는 역사적 사건이기에 그가 이루면 맞고, 아니면 아닌 것이다.

(3) 구원의 절대성

① 오순절, 그날 성령의 첫 번째 사역이 어떻게 시작되었는가?(행 2:1~4)

② 전도할 때, 우리 안에서 말하는 이가 누구인가?(마 10:20, 막 13:11)

③ 그가 우리 안에서 무엇을 어떻게 하시는가?(눅 12:12).

④ 구원을 누가 왜, 어떻게 이루시는가?(요 6:37~39)

⑤ 하나님이 싸가지가 바가지, 그 요나에게 왜 어떻게 하셨는가?(욘 1~4장)

* 전도 현장에서 별일 다 일어날 때, 어떻게 하면 되겠는가?(롬 8:31~39)

그러므로 전도자여! 이러든 저러든, 어떠하든지 원망하거나 낙심하지 말라! 전도는 어떤 경우라도 하나님의 계획과 스케줄이다. 이로써 전도자의 소명과 사명을 마음껏 누리라! 다음의 성구를 찾아 읽고 마음껏 자유하라! (사 55:1, 행 1:1~8, 고후 5:17~19, 엡 1:3~14)

(3) 혹자들의 반박 - 그러면 전도자가 필요 없겠네요? 천만에요,

① 니느웨에는 요나를,

② 이디오피아 내시에게는 빌립을,

③ 고넬료에게는 베드로를, 콕 찍어서 보냈듯이
  꼭 내가 필요한 현장이 있고, 꼭 나를 필요로 하는 사람이 있다.

☞ 그러므로 전도는 실패라든가, 실수라든가 맞고 틀리고가 있을 수 없다.

전도현장에서 아무런 역사가 없다 해도 그것이 전도자의 무능이나 실수가 아니다. 예수가 그리스도! 그래서 다만 시간표이거나 그날 거기에 구원 받을 사람이 없었을 뿐이다. 아버지께서 약속하신 성령을 보혜사로 보내 주시는 것도 그리스도 바로 그분의 몫이니까 말이다.(요 14:16~17, 행 2:33)

제2과 반드시 전도자가 필요하다.(10초만의 기적 234p)

1. 먼저 소명을 이해하라! (빌 3:12~14)

(1) 그리스도 예수께 잡힌바 된 그것이라 하였다.

* 누가 누구를 무엇을 위하여 왜 어떻게 부르셨는가?

* 이것이 교회의 직분이고, 그 주체가 하나님이다. 그러므로 범사에 아멘,
 그리고 감사와 찬양 밖에는 할 게 없는 사람들, 이것이 바로 전도자다.

(2) 하나님이 이것도 너희에게 나타내시리라.

① 만일 전도자가 달리 생각하면 누가 어찌한다 하셨는가?(빌 3:15~16)
 과연 이것이 더 큰 자랑이 아니겠는가?!

② 예수 생명을 위하여 누가 무엇을 어떻게 하시는가?(요 14:16~17)

③ 보혜서 성령, 그가 무엇을 왜 어떻게 하시는가?(요 14:26~27)
 그러므로 전도자, 이 얼마나 완전무결한 사명인가?!

(3) 전도 현장에서 있었던 사실("10초만의 기적" 235~240p 참고)

① 옷가게를 지나게 되었다. 사장이 불교인인데 주로 불교인들이 와서 옷도 사고, 노닥 거리다 간다는 것이다. 그런데 손님이 많을 때는 예수 이야기를 삼가해 달라고 했다 면서 대부분 그렇다는 것이다. 물론 그럴 것이다. 그 안에서 역사하는 영이 틀리니까!

② 어느 떡집 앞이다. 마침 손님이 하나도 없었다. 사장님은 천도교인, 부인은 불교인이 라면서 문을 열고 들어갔다. 사장님, "오늘은 어찌 오셨지요?" 장로님 "오늘은 전도캠 프 날이라 전도지 한 장 드리려고 왔다." 는 것이다. 그때 내 속말이 "하나님 우리가 지금 전도지 주러왔나요? 전도하러 왔나요?" 그때 안에서 열심히 일하던 사장님 말이 "아니지요 딱 보니까 오늘은 전도지 주러 온 게 아니고 전도하러 오셨잖아요?" 했다. 짝꿍이 멍 ... 내 말이, "그러면 사장님 잠간 나와 보시지요." 사장님 "왜요?" 내 말이 "나와 보시면 알아요," 나오자마자 다짜고짜 "바쁘신데 손 주세요," 하며 손을 덥석 잡 았다. 그가 손을 빼며 "왜요" 그때 내 말이 "기도하려고요" 그러자 그는 내 손을 뿌리 치고 다시 작업실로 들어갔다. 그때 내 속 말이, "그럼 누구?" 하며 옆을 보니 마침 옆 에 부인이 서 있었다.

그를 의자에 끌어 앉히며 "사모님 손 주세요" 하고 다짜고짜 영접기도를 했다. 짝꿍의 말이 꼭 2년만이란다. 나는 말을 이어갔다. "인간은 다 그놈이 그놈이에요 따지지 말 아요, 천주교 신부나 불교 고승이나 나 같은 목사나 인간은 다 그놈이 그 놈이에요, 그 래서 가까이 가면 다 인간 냄새가 나요, 그러나 예수 영접하면 달라요, 하나님 자녀로 다시 태어난 새로운 피조물이거든요, 만화 같은 이야기지만 사실이에요, 사모님 지금 하나님의 자녀가 된 것이 맞고, 지금 죽어도 천국에 가요, 그래서 이제 그놈이 그놈 아 니고 하나님의 영이 거하시는 거룩한 성전, 영원히 망할 수 없는 하나님의 자녀가 되 신 거예요, 축하합니다.

그동안 그 떡집 사장님은 안에서 계속 씨부렁댔다. 인간 중에는 괜찮은 사람도 꽤 많 다는 것이다. 나는 즉각 "그것은 당신 착각!" 그 사장님 안에서 여전히 시부렁시부렁, "목사님이나 잘하세요, 우선 입이나 세탁하시지" 하는투였다. 그러나 나는 대꾸하지 않았다. 어차피 설득당하지 않을 줄 아니까! 그래도 한마디는 뱉어냈다. 관찰해보면 사실이오, 하고는 나 이만 가요, 하면서 문을 나서는데 사장이 나와서 인사를 했다.

그때 내 말이 "당신 부인 참 잘 만났어, 결혼 잘했다고" 하니까, "목사님 관상'도' 참 잘 보시네요!" 막 바로 "아니다. 성경적이다." 막 바로 돌아온 말이 "아닙니다. 관상 참 잘 보십니다." 단 칼에 "아니다. 성경직이다. 나는 관상 볼 줄 모른다." 그 사장님 말, "아 닙니다. 목사님 관상 참 잘 보십니다." 내 말이 "어허! 아니라니까! 내가 한 말은 성경 적이라니까!" 했다.

이튼 날 그 떡집에 다시 갔다. 사장님이 반색하며 우리를 맞이해 주었다. 다시는 안 오실 줄 알았는데 이렇게 오시니 깜짝 놀랐다는 것이다. 내 말이 "그게 바로 당신의 착각이다. 내가 다시 온 것은 당신은 치유사명 자니까!" 그는 "왜 목사님이 내게 이상한 말씀 하셔서 밤새 잠을 못 잤다"는 것이다. 그렇게 말문을 열고 이야기가 시작되었고, 그날 그는 예수를 영접했다. "예수님은 그리스도" "나의 주" "나의 하나님이심을 내가 믿습니다." 여기까지 잘 따라서 한 그는 "예수 이름으로 기도합니다. 아멘" 이 대목에서 멈칫하더니 "제가 마땅히 아멘 해야 되겠죠?" 라고 물었다. 그때 내 말이 "앞에까지만 고백해도 된다. 그러나 아멘 하면 확실하다" 고 했다. 그는 나지막이 따라서 했다.

나는 그 자리에서 그에게 내가 쓴 "복음전도의 이론과 실제" 란 책을 사인하여 주면서 이 책이 이해될 때까지 소설책 보듯 이라도 주~욱 죽 아멘하며, 꼭 읽어 보라고 했다. 그날 그는 과거사를 털어놓았다. 자기는 고등학교 때까지는 누구나가 알아주는 신자였단다.

셋째 날, 캠프 마지막 날이라 마지막으로 왔다고 하면서 들어갔다. 책을 읽어보았는지 확인하고 또 치유사명자로 세워야 했기 때문이다. 그가 말했다. "목사님! 왜 마지막이라고 하십니까? 제가 교회담장을 넘을 수도 있는데요," 물론 그럴 수도 있을 것이다. 그러나 나는 즉각 "아니다. 우리교회 오지 말라! 우리 교회는 너무 멀고, 그다지 좋지 않다." 피차 웃음, 이 분(짝꿍) 교회와 목사님이 훨씬 더 좋다고 했다.

그 2주 후 주일 오후 예배 마친 후 그 교회 목사님이 그 떡집 사장을 함께 만나보자고 해서 함께 갔다. 그리고 목사님과 교회를 소개했다. 그로부터 저들은 복음을 서로 나누며 잘 자라가고 있다. 전도자들이 때때로 이상한 말을 주고받기도 한다. 그러나 전도현장에서 이상한 말은 본래 없다.

③ 둘째 날, 그 떡집 건너편에 있는 화장품 가게에 들어갔다. 짝꿍이 이것저것 묻기 시작했다. 마치 동사무소 직원이 호구조사를 하는 것 같다는 생각이 들었다. 그 순간 입이 간지러워 견딜 수 없었다. 순간 내가 "통반장노릇" 할 필요가 없지 않은가?! 라고 생각하고는 이것저것 화장품을 훑어보고 있었다. 물론 귀는 대화 내용에 기울이고 있었다.

"어허! 복음제시는 언제쯤 하려나"라는 생각이 드는 순간 사장님이 갑자기 역정을 내기 시작했다. "당신 형사요, 아니면 동사무소 직원이요, 뭘 그렇게 꼬치꼬치 물어요, 여기는 사거리 코너에요, 참나 예수쟁이들만 오면 꼭 그런다니까!" 하고 역정을 냈고,

짝꿍은 멍하니 입을 다물었다. 그로부터 내게 주어진 시간이었다. 거기서부터 전도메시지가 나갔고, 예수를 영접했다.

그는 자기 가정사를 털어놓았다. 교회 다닌 지 30년, 그러나 지금은 불교인 부인과 결혼해서 사는데 일절 노 탓치 - 너는 너대로 나는 나대로 산단다. 서로 탓치 하면 가정이 깨져야 한단다. 나는 "10초만의 기적"을 선물로 주면서 복음이 이해되고 숙지되면 행복 시작이라고 했다.

④ 셋째 날, 특별히 만난 볼 신자가 있다 해서 어느 가게로 갔다. 문이 잠겨 있었다. 건물 주인(불교인)이 경영하는 옷 가게로 갔다. 불교인 서너명이 모여 있었다. 내 짝꿍은 그들도 잘 알고 있는 것 같았다. 이런저런 이야기를 나누고 있는 동안 나도 모르게 졸았나보다(아주 자더란다).

눈을 떠 보니 이미 캠프를 마칠 시간이 다 되었다. 문을 나서려는데, 내가 왜 여기에 와서 졸다가 그냥 가는 것일까? 그 순간 되돌아서서 사장님 손을 잡고 나는 목사인데 기도해주려고 하니 기도 받으실 분은 여기 내 손을 잡으라고 했다. 모두가 다 슬금슬금 자리를 떴다. 사장님만 남았다. 그날 그는 예수를 영접했고, 나는 하나님 자녀가 된 것을 축하 한다고 했다.

☞ 캠프기간에 7명이 예수를 영접했다. 포럼시간에 짝꿍이 이렇게 말했다. 나는 그동안 여러 번 예수영접을 시도했으나 안됐다는 것이다. 그러면서 "목사님은 확실히 우리와 능력이 다르더라." 주무시다가도 일어나 영접시키더라고 하였다.

물론 그렇게 생각하기 십상이다. 그러나 그게 착각이다. 다만 너와 나 그리고 우리를 위하여 콕 찍어서 그냥 그리될 것뿐이었다. 그리고 그것이 바로 하나님의 계획과 그 스케줄! 이것이 기독교다.

2. 소명, 즉 사명이다.

(1) 그리스도 예수께 잡힌바 된 그것이다

① 하나님이 모세를 불러서 애굽으로 보내실 때, 거부하던 모세에게 하신 말씀이
무엇이며, 그 때 주신 이상한 증거가 무엇인가?(출 3:11~12)

② 모세의 시종으로 40년을 한결같이 모세 곁에서 하나님의 역사를 목격해 온
여호수아에게 하신 언약과 그 강조점이 무엇인가?(수 1:1~9),

③ 예레미야를 불러 선지자로 세우실 때 그가 어떤 반응을 보였으며
그 때에 그에게 하신 말씀이 무엇인가?(렘 1:4~10)

④ 하나님이 요나를 불러서 니느웨로 보내실 때 그가 무엇을 기대하며
메시지를 전했으며, 그 때에 어떤 일들이 일어났는가?(욘 1:~3:10)

* 그 때에 요나의 반응이 어떠했으며, 과연 그런 그에게 하나님이 베푸신 은혜가
어떠했는가?(욘 4:1~11)

☞ 인간은 누구나 착각 속에서 살아간다.

각자가 자기의 안목을 가지고 살아간다. 하나님의 계획이나 뜻과는 전혀 무관하게 살아
가는 경우가 허다하다. 그러나 하나님은 결코 착각하거나 포기하거나 바꾸지 않는다. 끝까
지 설복하신다.

이처럼 사람은 태어나기 전부터 하나님으로 말미암아 할 일이 있기 때문에 태어난다. 그
일이 부름 받은 시점부터 드러나기 시작하여 갈수록 점점 더 선명해진다. 하나님이 자신의
본래계획 그대로 한 치의 오차도 없이 정교하게 이루신다. 하나님께서 바울로 말미암아 하
신 말씀을 보면 그 사실이 더욱 분명해진다.

① 강포자 바울이 왜 어떻게 사도의 길을 가게 되었는가?(행 9:1~22)

② 그 바울이 자신이 할 일에 대한 진술이 무엇인가?(빌 3:12)

③ 바울에게 또한 무엇이 준비되어 있었는가?(빌 3:13~14)

 * 그러므로 무엇을 왜 어떻게 생각해야 한다고 말했는가?(빌 3:15~16)
   이로써 모든 전도자여, 마음껏 자유하고 마음껏 행복하라!

(2) 과연, 소명 즉 사명이다(고전 9:16~17)

① 내가 복음을 전할지라도 자랑할 것이 없음은 내가 부득불 할 일임이라.
   만일 복음을 전하지 아니하면 내게 화가 있을 것이로다. 하였고,

② 내가 내 자의로 이것을 행하면 상을 얻으려니와, 내가 자의로 아니한다 할지라도
   나는 사명을 받았노라. 하여 소명과 사명의 필연성을 강조,

③ 그것을 '콕' 찍어서 한 말이 무엇인가?(고전 7:20~24)

☞ 이처럼 막히거나 변할 수 없는 절대적 사명이면서도 참 자유로운 사명,

   마치 모세가 항거할 수 없었듯이,
   여호수아가 담대히 전진할 수밖에 없었듯이.
   요나가 결국 유구무언 할 수밖에 없었듯이,
   베드로가 별 짓을 다 해도 도망할 수 없었듯이,
   순 악질 바울이 마침내 끌려나올 수밖에 없었듯이 말이다.

(3) 맡은 자에게 구할 것은 충성이니라.

① 전도자가 마땅히 할 생각이 무엇인가?(고전 4:1~2)

② 전도자는 무엇을, 왜 어떻게 해야 하며, 어떤 결과를 기대해야 마땅한가?(딤후 2:1~15)

③ 전도자의 오직이 무엇이어야 하며, 도대체 왜 그래야만 한다고 말했는가?
  (딛 2:10~15)

☞ "충성이니라" 하는 것과 "충성하라" 하는 것이 어떤 차이가 있을까?

3. 나도 필연성이다.

(1) 그러면 내가 아무 것도 안 해도 되겠네요?

* 과연 그럴까요? 이 질문 자체가 성경에 대한 오해, 기독교에 대한
  오해의 산물이다. 필자가 드릴 답이 있다면, 뭐라고요?
  어디 한번 그럴 실력이 있으면 그래보시지요.

① 바울은 자신이 왜 어떻게 일꾼이 되었다고 했으며, 그의 감격이
  무엇인가?(엡 3:7~13)

② 하나님이 자신에게 주신 은혜가 어떠하다 했는가?(고전 15:10)

③ 과연, 우리를 누가 어떻게 이끌어 가시는가?(고후 5:13~14)

☞ 과연, 그리스도의 강권하시는 그 사랑과 하나님의 미쁘심을 폐하거나
  헛되게 할 수 있는가?! 그러므로 나 필연성이다 그 말이다.

(2) 천만에, 어디 실력이 있으면 한번 그래보거라!

* 제 경우는 이것이 이해될 때까지 방황 정도가 아니고, 미치고 환장,
  그리고 때마다 일마다 오리무중이었다.

① 빛이 있으라! 하시니 빛이 있었고(창 1:1),
  아브람에게 떠나가라! 하시니(창 12:1~3) 그가 갔다.

② 구원이나 전도에 대한 명령은 더 분명하다. 하나님이 모세에게 가라고 하실 때
  (출 3:9) 그는 여러 번 거부했고, 가면서도 끌려서 갔다.
  그리고 끌려가서도 어느 시점까지는 삿대질의 연속이었다.
  그러나 그의 마지막 메시지를 보라!

* 과연 그 진술의 핵심이 무엇인가? 살펴본 후 잠깐이라도 포럼해보라!
  (신 32:1~52)

모세의 그 메시지가 실로 멋지지 아니한가! 그보다 얼마나 더 장엄할 수 있겠는가?!
"하늘이여, 귀를 기울이라! 내가 말하리라. 땅은 내 입의 말을 들을지어다! 내 교훈은 비처럼 내리고, 내 말은 이슬처럼 맺히나니, 연한 풀 위의 가는 비 같고 채소위의 단비 같도다!
내가 여호와의 이름을 전파하리니, 너희는 우리 하나님께 위엄을 돌릴지어다! 그는 반석이시니 그가 하신 일이 완전하고 그의 모든 길이 정의롭고 진실하고 거짓이 없으신 하나님이시니 공의로우시고 바르시도다!" 전도자여! 이것이 전도자, 바로 당신의 생애가 아니겠는지요?!

요나는 너는 일어나 저 큰 성읍 니느웨로 가서, 그것을 향하여 외치라! (욘 1:2) 하였으나 그는 오히려 도망하여 다시스로 가는 배를 탔다. 그러나 하나님의 눈, 하나님의 손길을 벗어나 자기 길을 갈 수 있는 방법이 없었다. 그는 결국 어떠했는가?(욘 1:3~3:10) 주~욱 죽 읽어보시고 마음에 깊이 묵상해보시라! 그러면 전도자의 감격 외에 그 무엇이 더 있겠는가?! 그 말이다.

③ 제자들에게 있어서는 그 메시지가 더욱 분명했다.

 * 베드로에게 하신 첫마디가 무엇인가?(마 4:19)

 * 그러나 그가 어디까지 망가졌는가?(마 26:35~75)

 * 그럼에도 불구하고 예수께서 어찌하셨는가?(요 21:1~14)

 * 결국 그 베드로가 어떻게 변했는가?(행 4:8~20)

그러므로 참~ 미쁘신 하나님! 이것 말고 달리 할 말이 있는지요 실로 예수쟁이들은 핍박을 받아도 예수, 매를 맞아도 예수, 헐벗고 굶주려도 예수, 별 일이 다 일어나고 또 일어나도 예수, 그리고 예수가 그리스도! 하였더이다.

(3) 나도 필연성이다(고전 15:1~26을 보라!).

① 바울은 맨 나중에 만삭되지 못하여 난 자 같은 내게도 보이셨느니라.(3~8절) 하였고,

② 그래서 사도라 칭함받기 감당치 못할 자이나 내게 주신 은혜가 헛되지
   아니하여 내가 모든 사도보다 더 많이 수고하였으나 내가 한 것이
   아니요, 오직 나와 함께 하신 하나님의 은혜로라.(9~11절) 하였는데,

③ 그 결론은 그리스도의 부활이 죽은 자가 다시 살아나는 일의 보증으로!
 * 실로, 왜 하나님이 그를 다시 살리셨다고 말했는가?(12~15절)

 * 사망의 기준과 그 원리, 삶의 기준과 그 원리, 그리고 영원한 생명의 기준과
   그 원리가 무엇이며, 왜 그러한가?(고전 15:20~26)

그러므로 과연 나도 그러하다(엡 2:20~22) "너희는 사도들과 선지자들의 터 위에 세우심을 입은 자라. 그리스도 예수께서 친히 모퉁잇돌이 되셨느니라. 그의 안에서 건물마다 서로 연결하여 주 안에서 성전이 되어 가고, 너희도 성령 안에서 하나님이 거하실 처소가 되기 위하여 그리스도 예수 안에서 함께 지어져 가느니라." 하였으니 진실로 그러하다.

과연 예수는 그리스도! 그 이름을 걸고 아무도 착각하지 못하도록 하나님이 자기 계획을 성경에 기록하게 하시고, 성경대로 그 시간표를 따라 이루신다.

※ 오히려 나 유일성이다!

① 집과 부모를 떠나 나그네 길에 선 야곱을 얼마나 보장하셨는가? (창 28:1~15)

② 하나님을 잘 몰랐던 때에 수단과 방법을 가리지 않고 이기적 욕망에
　　사로잡힌 야곱의 생애가 어떠했으며, 그럼에도 불구하고
　　그를 어떻게 대우하셨는가?(사 41:1~28)

③ 사도들은 더욱 그랬다. 승천 직전에 무엇을 왜 어떻게 하였으며,
　　그 때에 하신 약속의 말씀이 무엇인가?(마 28:16~20, 행 1:1~11)

☞ 과연 어느 것 하나, 일방적이지 아닌 것이 없다.
　　그것도 하나님 자신의 본래 계획대로 말이다. 필자는 목회현장,
　　특히 전도현장에서 나 필연성 그리고 너 필연성을 하도 많이 보아왔다.
　　왜 어째서 그랬을까? 이 답이 있어야 한다.

* 파벌에 빠져 다툼을 일으키는 자들에게 바울이 한 말이 무엇인가? (고전 3:1~9)

* 십자가 원수로 행하는 자들의 마침은 멸망이요, 그 영광은 그들의 부끄러움에 있다
　　하였다. 반면에 그리스도인들은 왜 어떻게 승리한다 했는가?(빌 3:18~21)

☞ 그러므로 기독교의 직분은 그리스도로 시작, 그리스도로 말미암아, 그와 같은 수준과 레벨-보라! '내게 주신 그의 은혜가 헛되지 아니하여' 이 표현이 얼마나 멋진 표현인가?! 그 정도가 아니다. 과연 그랬다. 내가 아니면 안 되는 사람 있고, 꼭 나여야만 하는 현장이 있다.

* 마치 니느웨에 요나를, 내시에게는 빌립를, 고넬료에게는 베드로를 콕 찍어서 보내신 것처럼, 꼭 나 유일성의 현장이 있다. 그러므로 어려우면 어려울수록, 벽에 부딪치면 부딪칠수록 오히려 소망이 있다.

① 바울에게는 자랑거리가 많이 있었다. 그러나 신앙이 성숙해지면 성숙해질수록 그가 자랑할 것이 무엇이라고 했는가?(고후 12:1~10)

② 그가 자기의 그 모든 자랑거리를 무엇이라 표현했으며 왜 그렇다고 말했는가?(빌 3:1~12)

③ 기독교가 무엇이며 그리스도가 누구 길래, 왜 어떻게 그럴 수 있다는 말인가? 예수께서 베드로에게 한 말이 무엇인가?(눅 22:29~32)

* 예수께서 베드로에게 세 번씩이나 하신 말씀과, 그의 반응이 어땠으며, 요한과 또 다른 목격자들이 내린 결론이 무엇인가?(요 21:15~25)

* 도대체 우리 그리스도인들이 승리할 수밖에 없는 또 다른 이유가 무엇인가?(고후 5:14~21, 이 사실을 때마다 일마가 깊이 묵상하라!)

제3과 하나님의 절대주권 (10초만의 기적 250p)

1. 아멘 밖에는 할 게 없다.

구원과 관련된 하나님의 주권은 은혜와 분리하여 생각할 수 없다. 어떤 은혜냐 하면, 창세전에 그 기쁘신 뜻을 따라, 자신이 택한 자들을, 그리스도 안에서, 때가 되매 부르시는 하나님의 그 불가항력적인 은혜 말이다.

(1) 때때로 전도에 안일함을 줄 수 있다?

* 물론 그런 현상이 나타날 수도 있으나 그것은 하나님에 대한 오해요,
  전도에 대한 오해일 뿐이다. 오히려 하나님의 정확한 계획과 스케줄이다.
  과연 어떤 전도자가 안일함에 빠질 틈이 있었는가?!

(2) 모든 한계를 극복하고 지속할 수 있는 원동력

* 하나님의 절대주권이야말로 연약한 인간이 자신의 무능과 무기력에서 벗어나,
  그 어떤 악한 상황에도 굴하지 않는 힘이고, 담대하게 지속할 수 있는 원동력이다.

(3) 부르시고 권고하시는 하나님은 실로 미쁘시다.

* 고전 1:8~9을 읽고 포럼하라! 그러면 힘이 솟아나리라.

* 엡 1:8~14을 읽고 포럼하라! 그러면 힘이 솟아나리라.

* 엡 3:7~11을 읽고 포럼하라! 그러면 힘이 솟아나리라.

2. 예수가 그리스도이심을 깊이 묵상하라!

(1) 모든 계획이 다 예수 그리스도와 관련되어 있다.

① 창조와 섭리도 그리스도 안에서 그로 말미암아(요 1:1~3)

② 신령한 모든 구원계획을 세우는 것도 그리스도 안에서(엡 1:3~12)

③ 신령한 모든 구원계획을 이루는 것도 그리스도로 말미암아(엡 1:5)

(2) 모든 권세가 다 그리스도에게 있다.

① 하늘과 땅의 모든 권세가 다 그리스도에게 있다(마 28:18~20)

② 심판하는 권세도 다 그리스도에게 있다(요 5:27).

③ 그 권세가 또한 내게도 있다. 그것이 무엇인가?

* 마 16:18~19을 읽고 묵상하라! 새 힘이 솟아나리라.

* 막 3:15, 눅 10:19 읽고 묵상하라! 힘이 솟아나리라.

* 눅 22:29~32을 읽고 묵상하라! 새 힘이 솟아나리라.

☞ 이것이 바로 그리스도인의 신분이요, 전도자의 신분이다.

(3) 그리스도와 무관한 하나님의 주권은 없다.

① 과연 그는 우리의 영원한 선지자, 제사장, 왕이시다.

② 바로 나의 구원자, 나의 하나님, 내 인생의 주인이시다.

③ 세상만사가 "예수가 그리스도"라는 필연적 사역 속에서 계획, 진행된다.
하늘과 땅 모든 권세가 다 그에게 있고, 하늘에 있는 것이나 땅에 있는 모든 것이
다 그리스도 안에서 통일될 것이다.(마 28:16~20, 엡 1:8~10)

☞ 우리 전도자의 레벨이 바로 그렇다

* 과연 우리 전도자의 수준이 어떠한가?(요 17:18, 20:21)

* 과연, 그가 우리를 어떻게 대우하시는가?(고후 5:18~21)

3. 하나님의 절대주권, 이것이 전도자의 자랑

(1) 절대주권에서 밖에 있는 것은 하나도 없다.

① 세상 모든 사람, 세상 모든 나라의 흥망성쇠

② 우주 만물의 질서를 한 치의 오차도 없이 섭리

③ 그리스도인들은 항상 기뻐하고, 기도하고, 감사할 것밖에는 없다.

그것이 그리스도 안에서 우리를 향하신 하나님의 뜻이다.(살전 5:16~18)

(2) 그렇다고 인간의 책임을 간과하지 않는다

① 에스겔에게 하신 말씀이 무엇인가?(겔 3:17~19)

② 혹자들은 이를 이율배반적이라고 비아냥거린다. 그게 바로 착각이다.
　　그것이 막 바로 진리이고, 막 바로 사실이다.

* 과연, 누구의 어떠한 권한인가(롬 9:20)

* 과연, 누구의 어떠한 능력인가?(고전 9:16~17)

* 과연, 하나님과 인간의 생각이 어떻게 다른가?(사 55:8~9)

③ 혹자들은 이를 역설적 진리라고 말하기도 한다. 그게 바로 착각이다.
　　그것이 막 바로 진리이고, 막 바로 사실이다.

* 과연, 각자의 몫이 어떻게 다른가?(눅 22:22)

* 과연, 전도자의 실상이 어떠한가?(고후 6:1~10)

(3) 그리스도로 모든 이론을 파하라!

① 예수만이 그리스도이심을 원색적으로 말하라!

* 구제불능 오리무중 속수무책인 인간, 하나님의 무조건적인 사랑과 은혜,
　　그리고 그의 신실하심을 원색적으로 전하라!(기록된 그대로 말이다.)

* 나는 오고 없어도, 말씀은 살았고 운동력이 있어서 내일 혹은 언제라도 두고두고 역사하는 것을 보아왔다.(사 55:11, 히 4:12~13, 고후 10:4~6)

② 임마누엘로 모든 이론을 파하라!

* 처음 부름 받았을 때의 모세는 어떠했는가?(출 3:5~15)

* 그러나 그의 말년의 상태와 모습은 어떠한가?(신 32:1~43)

* 예나 지금이나 승리의 비밀이 무엇인가?(출 3:12, 마 1:23, 28:20, 행 1:8)

③ 성경으로 모든 이론을 파하라!

* 모세의 처음과 나중 모습이 어땠는가?(행 7:25~36)

* 과연 그 모세가 어떤 모세인가?(행 7:37~38)

* 초대교회 사도들과 제자들이 무엇으로 어떻게 승리했는가(행 18:24~28)

* 성경으로써 예수는 그리스도라 증언할 수 있는 그때에 비로소 무너지지 않는 시스템이 세워지는 것이다. 오순절 이후 베드로의 첫 설교도 그러했거니와 (행 2:14~41) 성령의 주 사역도 주께서 말한 모든 것을 생각나게 하리라 하였으니(요 14:26), 과연 그러하다.

☞ 이로써 모든 전도자여! 평안하라!

① 하나님 나라는 예수께서 그리스도로 오신 이유, 하나님이 약속하신 성령의 이유이다.

* 과연, 전도자의 승리의 이유와 근거가 무엇인가?(행 1:1~8)

* 또한 세상 종말의 기준이 무엇인가?(마 24:14, 벧후 3:8~10))

② 특히 전도현장에서는 더욱 성령의 감동, 교통하심을 믿으라!
   그때그때 하고 싶은 말을 두려워하지 말고 선포하라!

* 어떤 경우에도 담대할 이유가 무엇인가?(막 13:9~11)

* 초대교회 첫 전도가 어떻게 시작되었는가?(행 2:4)

③ 모든 전도자여! 이제 본질로 돌아가라! 그러면 지난 날 내게 있었던
   그 모든 상황들이 다 이 시대를 위하여 나를 향하신
   하나님의 계획이었음을 알 수 있을 것이다.

* 그때 모든 근심걱정염려가 사라질 것이다. 어려우면 어려울수록 오히려
   더욱 당당하고 멋진 전도자의 삶 누리게 될 것이다.(고후 12:9~10)

☞ 모든 전도자여! 이제 일어나라!

* 언제나 어디서나 누구에게나 담대히 복음을 선포하라! 그러면 꼭 그 날이
   아닐지라도 내가 선포한 그 말씀이 두고두고 살아서 역사하리라 믿으라!
   같은 성경구절이 반복된다 해도 개의치 말라! 성경은 세세무궁토록
   살아 역사하는 하나님의 말씀이기 때문이다.

(1) 확신 - 그리스도께서 나를 보내셨다!

* 왜, 무엇을 어떻게 하라고 보내셨는가?(고전 1:17)

(2) 그 이유 1 - 십자가의 도를 생각하라!

 * 도대체 십자가의 도가 무엇이기에 그리하셨는가?(고전 1:18)

(3) 그 이유 2 - 전도, 곧 그리스도가 하나님의 지혜다!

 ① 과연, 누가 어떻게 이세상의 지혜를 미련하게 하셨느냐?(고전 1:19~21)

 ② 실로, 인간의 요구가 무엇이며 왜 그랬다 했는가?(고전 1:22~23)

 ③ 그러면, 무엇을 왜 어떻게 전해야 하는가?(고전 1:24~25)

☞ 그러므로 전도 이전에 항상 무엇을 생각해야 하는가?(고전 1:26~31)

※ 예수영접 즉시 양육 스케줄을 잡아라!

1. 오직 그리스도로 답을 주라!

(1) 복음전도자 - 잠잠해서는 안 될 때가 있다.(복음이 왜곡, 공격을 받을 때)

 ① 과연, 베드로의 첫 전도가 왜 어떠했는가?(행 2:13~41)

 ② 과연, 하나님을 사랑하는 증표가 무엇인가?(신 6:4~9, 요 14:23~24)

 * 성경을 왜 어떻게 읽어야 하는가?(사 34:16)

 * 하나님이 말씀을 어떻게 이루시는가?(사 55:8~11)

③ 신앙생활에서 중요한 것이 무엇일까 생각하라!

 * 신앙생활을 왜 어떻게 하는 것이 중요한가?(눅 10:16, 행 2:42)

 * 과연, 어떤 예수를 증거 해야 하는가?(행 18:28)

 * 과연, 성경이 어떤 책인가?(딤후 3:14~17)

 * 과연, 그 말씀의 능력이 어떠한가?(히 4:12~13)

(2) 성경으로써 그리스도를 증명하라.

① 전도자는 항상 어떤 예수를 전해야 하는가?(행 18:28)

 * 당장 일어나는 역사가 없을지라도 개의치 말라! 왜 그런가?(히 4:12~13)

② 왜 항상 복음만을 전해야 하는가?(롬 1:16~17)

③ 연약한 인간 우리가 어떻게 항상 이길 수 있는가?(계 17:14)

(3) 본서는 전도·양육·치유 교재로 적합하다.

① 복음전도의 본질은 곧 기독교의 본질이라고 할 수 있고, 신앙과 삶에도
　 매우 유익하다.

 * 그리스도인들이 확신도 없이 방황하는 이유는 단 하나 구원 받은 자의 생명과,
　 이미 받은 복을 잘 몰라서 그렇다. 그 비밀이 예수 영접이다.

② 그러면, 예수영접 즉시 어떤 일들이 일어나는가?(요 1:12, 롬 8:17)

* 기도응답은 당연하고(요 14:13~14), 항상 좋은 것 주시고, 성령을 주신다.
  (마 7:11, 눅 11:13) 하늘군대가 이미 당연히 동원됨(왕하 6:17, 히 1:14).

③ 실로, 하나님의 자녀에 합당한 신분과 권세가 있는데 어떤 권세인가?

* 마 16:19, 엡 2:7

* 막 3:15, 눅 10:19

* 마 28:18~20 ,막 16:15~20, 행 1:8

④ 그러나 그보다도 더 큰 자랑이 무엇인가?(요 5:24, 마 16:18)

⑤ 이처럼 받은 복이 수 없이 많지만, 무엇보다도 중요한 복이 무엇인가?

* 롬 8:1~2,

* 마 28:16~20,

* 행 1:1, 3, 8,

☞ 그렇게 완전보장 속에서 살다가 죽는 즉시 천국이니 최고의 복을 영원히 받는다.

2. 오직 그리스도로 모든 이론을 파하라!

(1) 말씀의 능력 믿고 선포하라!

① 그리스도를 원색적으로 선포하라!(행 1:1~2:41)

② 오직 그리스도로 양육하라!(행 2:42~47)

③ 성경을 귀납적 연역적 방법으로 이해, 숙지하라!

(2) 그리스도로 모든 이론을 잠재우라!

① 항상, 성경으로 그리스도와 복음을 이해하고 전파하라!

② 항상, 그리스도의 눈으로 성경을 관찰, 이해, 아멘 하라!

③ 항상 성경으로 제자, 세계복음화 현장을 이해, 아멘 하라!

(3) 전도자는 예수 그리스도의 사신이다.

① 어떻게 보내심을 받았는가?(요 17:18)

② 보내심을 받은 그것이 어떤 차원인가?(요 20:21)

③ 전도자가 자세가 어떠해야 하는가?(고후 5:20)

3. 그리스도는 답이다.

(1) 그리스도가 하나님의 비밀이다(롬 16:25~27)

① 감추어 두셨던 비밀, 이제는 나타내신 비밀

② 하나님의 모든 계획을 그 안에서 그로 말미암아

③ 그는 교회의 머리이시고, 하나님의 모든 충만

(2) 그는 실로, 아멘이신 하나님이다(계 3:14)

① 나는 그와 더불어, 그는 나와 더불어(계 3:20)

② 그리스도로 말미암아 세세 무궁 영광(롬 16:27)

③ "하나님의 약속은 얼마든지 그리스도 안에서 예가 되니, 그런즉
그로 말미암아 우리가 아멘 하여 하나님께 영광을 돌리게 되느니라."
(고후 1:20) 하였으니, 언제 어디서나, 항상 범사에, 과연 그러하다 하라!

(3) 전도의 목적은 구원·치유·전도다.

* 이것이 예수가 그리스도로 오신 이유이기 때문이다.
그러므로 나도 아멘! 할 것밖에 없다! 진실로! 아멘! 할렐루야!

제4장 복음의 당연 · 필연 · 절대성

제1과 실존하는 영적 실체 (10초만의 기적 266p)

1. 원죄의 이유와 결과

(1) 그 배후세력 - 사단

① 롬 5:12~14, 롬 6:23, 죄의 삯은 사망

② 요 8:44, 원죄 후 모든 인간은 사단의 자녀

③ 계 12:7~11, 사단에게 인간은 속수무책 오리무중

(2) 인간은 구제불능, 오리무중, 속수무책

① 창 3:16~24, 구원의 길이 막힌 자,

② 롬 3:23, 하나님의 영광에 이르지 못할 자,

③ 엡 2:1~3, 허물과 죄로 죽은 자, 악령의 종노릇하는 본질상 진노의 자녀

(3) 하나님 자신의 신실하심

① 창 2:17, 네가 먹는 날에는 반드시 죽으리라. 하시니 그대로 되니라.

② 고후 1:18, 하나님은 미쁘시니라. 우리가 너희에게 한 말은 예, 하고
아니라, 함이 없노라." 과연!

③ 히 6:17~18, "그 뜻이 변하지 아니함을 충분히 나타내시려고 그 일을
맹세로 보증하셨나니, 이는...큰 안위를 받게 하려 하심이라."
하시고, 또한 이루시니 참~미쁘신 하나님!

제2과 하나님의 본래 계획

1. 예수 외에 구원하는 다른 이름 주신 적 없다.

(1) 예수만이 그리스도

① 예수께서 친히 하신 말씀이 무엇인가?(요 14:6)

② 베드로의 증언이 무엇인가?(행 4:12)

③ 사도 바울의 증언이 무엇인가?(엡 1:3~12, 13~23)

* 이는 우리가 그리스도 안에서, 전부터 바라던 그의 영광의 찬송이 되게 하려 하심이라.

(2) 실로 하나님은 신실하고 미쁘시다.

① 여자의 후손만이 뱀의 머리를 상하게(창 3:15)

② 예만 있는 미쁘신 하나님(고후 1:18)

③ 다른 이름은 없고 영원토록 동일(행 4:12, 히 13:8)

제3과 그리스도와 무관한 절대주권은 없다.

1. 그리스도로 만난 하나님만이 기독교의 하나님

* 예수님의 선언(요 14:6)

(1) 그로 말미암지 않은 모든 신은 사탄과 악한 영

① 아담을 죄에 빠지게 한자가 누구인가?(창 3:1~6)

② 그 배후 사단의 정체가 무엇인가?(요 8:44, 계 12:9)

③ 그 악한 자가 주로 하는 일이 무엇인가?(요 10:10)

(2) 그리스도 안에서 신실하고 미쁘신 하나님

① 예수생명, 그 안에서 왕 노릇하게 하시는 하나님

 * 왜 어떻게 왕 노릇 할 수 있는가?(롬 5:15~21)

 * 그 일이 어떻게 가능한가?(빌 4:13, 요일 3:8)

② 생명을 얻게 하고 충만케 하시는 미쁘신 하나님

 * 도둑과 예수님의 차이가 어떠한가?(요 10:10)

 * 그는 과연 어떤 하나님이신가?(고후 1:18)

 * 언제 어디서 무엇을 왜 어떻게 주셨는가?(엡 1:3~23)

③ 맹세로 이루시는 신실하신 하나님 (창 3:15, 히 6:13~20)

 * 누가 왜 어떻게 맹세하셨으며 결과가 어땠는가(13~15절)

 * 맹세로 보증하신 또 다른 이유가 무엇인가(16~18절)

 * 인간 우리가 어떻게 가능하다는 말인가? (18~20절)

※ 과연, 하나님께서 그 아들 예수를 그리스도로 보내신 이유가 무엇이며,
그래서 그가 그 마침표를 어떻게 찍으셨는가? (계 22:1~21)

☞ 이 하나님이 저와 여러분을 자녀로 불렀고, 전도자로 세우셨다. 그러므로 이제 내가 사는 것은 그가 나를 구원 받을 자에게로 이끌어 가시든지, 구원 받을 자를 내게로 이끌어 오시든지 둘 중 하나이거나 둘 다이다. 그런즉 그런 전도자 나에게 그 무엇이 부족하겠으며 그 무엇이 더 필요하겠는가?! 아멘.

* 그러므로 삶의 현장에서 홀연히 일어나는 모든 문제와 사건을 예수가 그리스도라는 사실과, 그것이 창세전에 하나님 자신의 기쁘신 뜻을 따라 세워진 그 계획과 스케줄이라는 그 틀에서 관찰하고, 이해하고, 적용하시라! 아멘! 할렐루야! 아멘!

※ 시스템 – 교회 방침과 각자의 달란트 따라 취사선택

1. 본서에는 기독교의 본질, 복음의 본질이 간단명료하게 드러나 있다.

필자는 전도의 전략이나 방법은 한마디도 언급하지 않았다. 그 이유 하나는 전략이나 방법이 필요 없다가 아니라, 그것은 본질이 아니기 때문이고, 다른 하나는 그것은 이미 차고 넘치기 때문이다. 그리고 전도는 딱히 꼭 이래야만 한다든가 저래야만 한다든가, 이것은 맞고, 저것은 틀리다고 말할 수 있는 그렇게 허약한 것이 아니기 때문이다. 그럼에도 불구하고 만일 …

새로운 전략이나 방법을 추구한다면 지구 한 바퀴를 돌고 또 돌아도 찾지 못할 것이다. 만일 본질이 살아난다면 어떤 전략이든 어떤 방법이든 다 유익하지 않은 것이 없고, 그것들도 하나의 능력임을 알게 될 것이기 때문이다.

2. 사람은 태어나기 전부터 할 일이 있기 때문에 지구상에 태어난다.

그것은 부름받은 시점부터 드러나기 시작하여 갈수록 점점 더 선명해진다. 하나님이 그것을 드러내시고 이루시기 때문이다. 그래서 나타나는 것이 소명 즉 사명이다. 그러므로 전도 전략이나 방법은 교회의 방침과 성령의 인도와 교통하심을 믿고, 각자의 달란트와 마음의 소원을 따라 취사선택하면 된다.

그러므로 어떤 것을 선택했을지라도 손해를 보거나 막히거나 실패하지 않는다. 다만 하나님의 계획과 그 시간표일 뿐이다. 오히려 그 어떤 것도, 어느 누구도 그것을 막을 방법이 없다. 마치 모세나 여호수아나 요나처럼, 그리고 베드로나 바울처럼 부르시고 설복하여 마침내 하나님 자신의 기뻐하시는 뜻을 온전히, 그리고 기쁘게 이루게 하시기 때문이다.

3. 성경은 그것을 가리켜 맡은 자에게 구할 것은 충성이니라. 하였다.

여기에서 "충성이니라" 하는 것과 "충성하라" 하는 것은 그 색갈이 많이 다르다. 전자는 하나님의 필연성이지만, 후자는 행위자가 이미 사람으로 바뀌어 있기 때문이다. 실로 하나님의 계획과 그 역사에 어느 것 하나 일방적이지 아닌 게 없다. 그것도 하나님 자신의 본래 계획대로 말이다. 필자는 목회현장, 특히 전도현장에서 나 필연성 그리고 너 필연성을 하도 많이 보아왔다. 왜 어째서 그랬을까? 이 답이 있어야 한다.

하나님은 자신의 기뻐하시는 뜻을 그리스도 안에서 세우시고, 그리스도로 말미암아 이루어 가신다. 기독교의 직분이 그런 것이다. 우리의 사역도 바로 그와 같은 수준과 레벨이다. '내게 주신 그의 은혜가 헛되지 아니하여' 이 표현이 얼마나 멋진 표현인가?! 그 정도가 아니다. 내가 아니면 안 되는 사람이 있고, 꼭 나여야만 하는 그런 현장이 있다.

마치 저 니느웨에는 요나를, 에디오피아 내시에게는 빌립을, 고넬료에게는 베드로를, 로마에는 바울을 콕 찍어서 보내신 것처럼, 꼭 내가 아니면 안되는 현장, 꼭 나여야만 하는 나 유일성의 현장이 있다. 이것이 이해되고 믿어지면 아무리 어려워도 오히려 어려우면 어려울수록, 벽에 부딪치면 부딪칠수록, 오히려 소망이 있어야 맞다. 결국은 아주 기쁘게 아멘 할 것밖에는 할 것이 없을 테니까 말이다.

☞ 구원에 관한 하나님 계획을 그의 은혜와 분리하여 생각할 수 없다.

어떤 은혜냐 하면, 창세전에 하나님이 그 기쁘신 뜻을 따라 그리스도 안에서 세우신 그 원대한 계획을 이루기 위하여, 그 스케줄을 따라서, 자신이 택한 자들을 때가 되매 그리스도 안에서 부르시고 이루시는 하나님의 불가항력적인 은혜이기 때문이다. 아멘 할렐루야! 그러므로 세세무궁토록 과연, 과연, 과연 그리 될지어다! 아멘.

전도훈련 및 성경정독과
성경본문 이해훈련 세미나 안내

기독교역사 2,000년, 그동안 기독교에 대한 인식이 이처럼 땅에 떨어진 적은 없었다. 그것은 기독교를 이해하지 못하는 세상 사람들의 편견만이 아니라는데 문제가 있다. 그 이유는 여러 가지가 있겠으나 교육, 문화, 사회, 정치는 물론이고 종교 등 영적집단까지도 인간의 선과 아름다움을 추구하는데 거기에 미달되기 때문이고, 왜 그러한지 그 이유조차 모르고 있으니 바른 대책이 나올 수 없는 것이다.

과연 그리스도인은 괜찮은가? 그리스도인다운 사람이 몇 명이나 있는가? 그래서 사람들은 왜 그리스도인들이 교회에만 있고, 세상에서는 찾아 볼 수 없느냐고 아우성이다. 그러면 그리스도인들이 방황하는 이유가 무엇일까? 그 이유는 딱 한 가지다. 성경이 멸시되고 있다는 것이고, 그래서 삶의 기준이 사라졌다는 것이다. 이제 기본으로 돌아가야 한다.

개혁주의 신학과 신앙의 두 축이 하나님의 절대주권과 오직 성경이다. 이것은 신앙과 삶의 두 축이 성경정독과 성경본문이해여야 함을 의미한다. 왜냐하면 하나님의 절대주권도 오직 성경으로 이해되어야 하기 때문이다. 신앙과 삶의 다른 분야도 마찬가지다. 구원, 전도, 기도, 성령 인도 등 모든 분야가 기독교에 대한 오해, 즉 성경에 대한 오해에서 비롯된 것이고, 말씀에 대한 오해에서 비롯된 것이다.

필자는 이 나이에 한국과 세계교회를 위하여 그리고 복음이 필요한 불신자들과 세상을 위하여 성경 정독훈련과, 성경본문 이해훈련, 그리고 여기에서 필연적으로 수반하는 예수생명 전도훈련을 시작하려고 한다. 왜냐하면 이것이 제대로 이해되면 전도는 물론이고, 나도 모르게 참 행복한 신앙과 삶을 살아갈 수 있으리라고 믿기 때문이다. 그러나 이것이 회복되지 않는 한 전도는 고사하고 신앙생활 자체가 잘 안되거나 종교생활에 빠지게 되고 행복해야 할 신앙생활이 오히려 수고하고 무거운 짐 아니겠는가?!

성경 본문 이해 훈련은 하나님을 대하는 자세는 물론, 성경을 대하는 자세를 바꾸고 한 걸음 더 나아가 성경으로 그리스도를 이해하고, 또 그리스도의 눈으로 성경을 이해하는 훈련이라고 할 수 있다. 그래서 성경이 제대로 이해되면(귀납적 방법과 연역적 방법) 과연 예수가 그리스도! 예수생명! 예수능력! 그래서 실로 행복한 신앙생활! 그리고 전도는 당연히! 그렇게 되리라고 필자는 믿는다. 아멘!

저자소개

김기일(金基日) 목사
1947년 10월 20일생(전북 익산 태생)
세계로교회, 세계로성경정독훈련원, 세계로전도훈련원 대표

● 익산 흥왕국민학교 졸업(18회)
● 익산 함열중학교 졸업(16회)
● 익산 남성고등학교 졸업(18회)
● 서울신학교 졸업(14회)
● 총신대학 신학대학원 졸업 (78회)
● Canada Christian College 졸업(M-Div)
● 미국 International Theological Seminary(D-Min수료)
● 한국심성교육개발원 심리상담사 1급
● American University of California 목회상담학
● 대한예수교장로회합동 평안노회 목사 안수
● 대한예수교장로회합동 밝은교회 설립
● 세계로교회 개척 및 세계로비젼센타 설립
● 사단법인 바울선교회 이사(회장 이동휘목사)
● 총신대학 신학대학원 78회 동창회 부회장
● 수지 기독교연합회 수석부회장
● 경기도 지방경찰청 용인경찰서 경목위원
● 대한예수교장로회(합동) 평안노회 노회장
● 대한예수교장로회(합동) 평안노회 교역자회 회장
● 동경, 누마즈, 하마마쯔 치유사역원 강사
● 서울, 인천, 성남, 수원, 원주, 광주 치유사역원 강사
● 필리핀 남부 마닐라, 두마게티, 마스바떼, 삐콜,
　 바기오, 발룽가오, 비날루난 11곳 치유사역원 강사
● 마닐라 쌈바귀따 교도소 신학교 설립 및 운영
● 마닐라 비구탄마약재활센터 치유사역원 설립 운영
　 두마게티 노스대학교 경영학과 학생들에게 복음특강

김기일목사 blog 이름 "10초만의 기적" daum, naver
www.forworld.or.kr /e-mail : healkey@hotmail.com
전화 010-7238-0675 / 070-8181-0675

10초만의 기적 (전도훈련교재)

펴낸날 2014년 9월 20일 초판인쇄
　　　 2014년 9월 22일 초판발행

저자 김기일

편집디자인 도서출판 제네시스미디어
인쇄 GM-Printing
ISBN. 978-89-965025-2-4

출판등록 제14호(1998.3.6)
출판사 제네시스미디어 (GenesisMedia)
　　　 안산 단원구 안산천서로 9, 202호(고잔동, 우진빌딩)
　　　 전화 031) 439-0633, 팩스 031) 439-0634
　　　 Mobile : 010-3035-0675, E-mail : gm0633@daum.net

저자 연락처 010-7238-0675, E-mail : healkey@hotmail.com

값 7,000원